私たちは生きづらさを抱えている

発達障害じゃない人に伝えたい当事者の本音

はじめに

「姫野さん、軽くアスペ入ってますよね？」

それはとあるカウンセラーを取材した帰り際、事務所の玄関で靴を履いていたときに投げかけられた言葉だった。一瞬言葉を失った。「アスペ」とはかつて「アスペルガー症候群」と呼ばれ、現在は「自閉スペクトラム症」と呼ばれている発達障害の俗称だ。

私は幼い頃から常に浮いていた。基本的に21時以降テレビも自由に観られない家庭だったので、話題の番組やタレントの名前もよく知らず、クラスの子たちの話題についていけなかった。小学生の頃、ひとりっ子なのは30人ほどのクラスで自分だけだった。ひとりっ子は周りの大人たちからワガママだと思われてしまう……。そんな不安から、親に欲しいものを強くねだった記憶がない。自分の意思を殺して親の期待に応えようと常に気を張っていた。

学年が上がるにつれて、どんどんクラスでの居場所がなくなっていった。他の子たちは昼休みに外でドッジボールや鬼ごっこをして、楽しく遊びながらコミュニケーションを取っているように見えたが、私はひとり教室で本を読むほうが楽しかった。自分は普通の人ができる普通のコミュニケーションが取れていないように思えた。中高になるとその傾向はさらに顕著となり、テンション高くおしゃべりに興じるギャルっぽい女子たちに混ざれなかった。

のちに、これがいわゆる「生きづらさ」というものだと知った。特に、大学3年生の頃の就職活動では大いにつまずいた。みんなと同じような色・デザインのリクルートスーツを着て、黒染めした髪の毛をひっつめ、楽しくもないのに面接官に笑顔を向け、偽りの自分を演じなければならないのに耐えきれず、すぐに就活をやめた。でも、さすがに卒業式が近づいてきたところでまずいと思い、就活を再開。そして、卒業式2週間前に内定が出た企業に滑り込んだ。

入社してもやはり、私は浮いていた。組織で働くことに適応できず、月曜日に行われる朝礼では毎週倒れていた。貧血持ちではないので、精神的なストレスから倒れていたように思う。毎日、会社を辞めたいという思いしかなかった。それでも3年は続けないと転職に不利になる。そう信じ込んでいた。なんとか3年間の勤務を全うし、退職。大学時代に出版社でアルバイトをしていたこともあり、フリーライターへ転身した。この仕事ならば私はうまく適応できた。

取材や打ち合わせがない日だと、1日誰とも会話しない日があるのも楽だったし、締切に間に合いさえすればマイペースに仕事ができる点も向いていた。もしかすると自分は発達障害なのではないか。会社員とフリーランスの両方を経験してから、そう疑うようになった。

発達障害には独自のルールを持っていたりコミュニケーションに問題があったりするASD（自閉スペクトラム症/旧・アスペルガー症候群）、不注意や多動、衝動性のあるADHD（注意欠如・多動性障害）、知的な遅れがないのに読み書きや計算が困難なLD（学習障害）の大きく分けて3種類ある。また、この中の2種類、または3種類が併存しているケースも珍しくない。

私の場合、集団になじめないことからASD、極端に計算ができないことからLDにあたるのではないかと思い、ネットで発達障害のチェックリストを見てみると、ASDに関しては3分の1ほど当てはまるサイトもあれば、半分ほどあてはまるサイトもあった。病院で正式に検査をしてみたいと思ったが、精神科や心療内科に行くのは少し抵抗があり、自己診断のまま放置していた。

発達障害の人は、遅刻やケアレスミス、失言が多い、抽象的な表現が伝わらない、空気が読めないといった特性があることから、定型発達（健常者）の人に「困った人」と思われがちだ。

そして、仕事においても、プライベートにおいても、彼らをどう扱えばいいのか悩む。一方、当事者も「自分は周りに迷惑ばかりかけているのではないか」と悩む。どうすれば当事者と定型発達の人との溝を埋められるのかを探りたい。また、それは発達障害ではないかと疑う私自身の生きやすさにもつながるかもしれない。

そこで、発達障害の特性による生きづらさをテーマに、当事者を取材することにした。取材を進めていくと、彼らの生きづらさがリアルに洗い出され、その重みに大きなショックを受けることもあった。

当事者の悩みで一番多かったのが、マルチタスクが苦手だったり、職場の人と良好なコミュニケーションが取れなかったりして、仕事が続かないこと。次いで、二次障害によるうつ病や睡眠障害、自律神経失調症、発達障害の特性により引き起こす可能性のあるギャンブル依存症や買い物依存症、性依存症などだった。体調が悪くて病院を受診したら、その体調不良は発達障害が引き起こした二次障害だと判明したケースも珍しくなかった。

この本により、当事者の現状や本音が少しでも多くの人に誤解なく伝わり、生きづらさの緩和への道が開ければと思う。

contents

第2部 私は生きづらさを抱えている

第1部

私たちは生きづらさを抱えている

1

思わず暴言、賭け事や性欲を抑えられない

東北地方在住でADHDのタクミさん（24歳・仮名・コンビニアルバイト）。衝動性から悪意がないのに失言をしてしまうことが悩みだった。

思ったことをすぐに口に出し、人間関係が悪化

タクミさんが発達障害の特性に気づいたのは、高校中退後だった。

農業高校に通っていたが、東日本大震災により原発事故が起きたことが原因で農業の勉強を続けられなくなり、クラスメイトたちと一緒に学校を中退した。その後は高校在籍時からアルバイ

トをしていたコンビニで本格的に働きはじめた。

そこで事件は起こった。

「パートの女性に仕事を指示された際、つい『うるせぇババア！ 言われなくてもわかってんだよ！』と、心の声を口にしてしまったんです。それも1度ではなく険悪なムードになり、反省して謝って和解をするということが何度かありました」

悪意を持って暴言を吐くわけではなく、ナチュラルにあおってしまう。なぜ、相手の気持ちを考えられずに思ったことをすぐ口に出してしまうのか。悩んだタクミさんは親に相談する。すると、幼い頃に親が異変に気づき病院を受診し、ADHDの診断が下りていたことを知った。ADHDであることを何も知らされていなかったタクミさん。18歳にしてはじめて、自分の生きづらさの原因がわかった。

「自分がADHDだと知ったときはつらかったです。でも、原因がわかったなら障害と向き合っていこうと発達障害についてネットで調べたり、自分と同じようにADHDに悩む人と話をしたりしました」

その後、東京にあこがれて上京。麻雀が趣味であったことから都内の雀荘で働きはじめた。雀荘は客との距離が近い。麻雀の勉強を重ねて強くなったタクミさんはここでも、客に向かって「下手くそ！」と暴言を吐いてケンカになり、上司から怒られることが多々あった。

職場でトラブルを起こしてしまうのは困る。そう思ってメンタルクリニックを受診する。そこで処方されたストラテラという薬により、思ったことをすぐ口に出してしまうような攻撃的な面は落ち着いたように見えた。

「困った特性は落ち着いたのですが、薬の副作用で眠くなっちゃって。しかも、ジェネリックがないので高いんです。２週間分で１万５０００円くらい。２週間に１度の診療にも２万円ほどかかってしまい、経済的にもつらくて薬も通院もやめてしまいました」

ＡＤＨＤの薬は高額だが、自立支援制度を利用すれば１割負担で済む。タクミさんは利用しなかったのか尋ねると、この制度自体知らなかったという。

いけないとわかっているのにやめられない

また、タクミさんはギャンブル依存症だと自覚している。イギリスの「BMC Psychiatry」に掲載されているMartin A. Katzman、Timothy S. Bilkey、Pratap R. Chokka、Angelo Fallu、Larry J Klassenらによる論文「Adult ADHD and comorbid disorders: clinical implications of a dimensional approach」（大人のＡＤＨＤと併存疾患：次元的アプローチの臨床的意義）によると、「ＡＤＨＤ患者による物質乱用や依存症は正常な人の約２倍」とある。

「ギャンブルは強いほうなので、たいてい勝つんです。でも、負けることもあります。この５万円を使ってしまったら今月ご飯が食べられなくなるとわかっていても、競馬にぶち込んでしまうこともありました。おカネはあるだけ使ってしまうので、貯金はできません。当時の職場の雀荘は給料の前借りができました。だから、負けておカネがなくなってしまったら給料を前借りして、それをまたギャンブルにつぎ込んでいました」

もうひとつ、タクミさんが依存していたのが性だった。セックスをしたくてしたくてたまらない。中学の頃、当時好きだった女の子と体の関係を持って以降、性欲が暴走しているという。まだ24歳という年齢を考えると、頭の中がそのことでいっぱいになってしまうのは自然なことかもしれないが、タクミさんはあふれる性欲を風俗で満たす方法をとった。でも、風俗もそれなりにおカネがかかる。

ギャンブルとセックスに依存していたタクミさんだが、あるとき競馬で100万円近く負けてしまう。また、なんとかセックスにこぎ着けたいと50万円ほど貢いだキャバクラ嬢からも、一度も肉体関係を持てぬまま関係を絶たれてしまった。

この経験からさすがに懲りて、ギャンブルをするなら1回1000円や2000円など少額で、性欲は1日3回の自慰行為で解消することで落ち着いている。ただ、女性とセックスがしたいという根本的な欲は解消されていないのが悩みだという。

仕事中は必要最低限の会話のみにとどめる

東京で働いていた雀荘では、契約社員からスタートして正社員となったが、残業代の未払いに耐えきれず退職。昨年、地元に戻ってきた。現在は祖父母の家に身を寄せ、コンビニで働いている。今は治療を行っていないというが、働くうえで困っていることはないのだろうか。

「ADHDの特性のひとつに落ち着きのなさが挙げられますが、僕の場合、その落ち着きのなさはコンビニや雀荘といった、せわしなく動き回ったり、つど細かな仕事が発生したりする職に生かせていると思います。そして、これはネットで調べたり、ほかのADHDの方と話したりした際にわかったのですが、この障害の人たちって、深夜から午前中にかけて睡眠を取る、やや昼夜逆転ぎみの生活サイクルがいちばん体調のよい人が多いみたいなんです」

タクミさんも深夜2~3時に寝て朝は10時ごろに起きる。正午から8時間、または14時から8時間のシフトで働く。雀荘で働いていた頃は夜勤があったが、今の仕事では夜勤を入れない。

「思ったことをすぐ口に出してしまわないよう、仕事中は必要最低限の会話におさめるよう心掛けています。でも、どう見ても未成年がたばこを買いに来て、『年齢が確認できるものを見せてください』と言っても、『は? そんなもんねぇよ』と見せてくれないときは、きっぱり『ダメだろ!』とかは言っちゃいますけどね(笑)」

以前はギャンブルや風俗でおカネを使ってしまい、貯金ができなかったタクミさんだが、現在は夢に向けて貯金中だ。

「お酒が好きなので、みんなで楽しく飲めるスポーツバーを友だちと開きたくて、おカネを貯めているところです。僕はまたお客さんとケンカしちゃうかもしれないので、経営側にまわり、店にはほかの人に立ってもらおうかなと。

今は祖父母の家に住んでいて家賃が必要ないので、その分貯められそうだと思っています。あと、お酒を覚えてからシメのラーメンにハマり、30キロほど太ってしまったので、とりあえずやせようと縄跳びとウォーキングを頑張っているところです」

そのときの衝動で行動してしまう特性を抑えるため、タクミさんは工夫と努力を重ねている。まずは、このままうまく障害と向き合いながら、貯金と減量が成功するのを願いたい。

発 達 障 害 の 種 類

発達障害にはASD（自閉スペクトラム症）、ADHD（注意欠如・多動性障害）、LD（学習障害）の3種類がある。発達障害の程度はグラデーション状になっており、“ここからが発達障害”、“ここからが定型発達”という線引きがない。

ASD（自閉スペクトラム症）

- 独特なマイルールがある
- 急な予定変更が苦手
- 環境の変化が苦手
- 目を合わせて話せない
- 言葉をそのまま受け取ってしまう
- 冗談が通じない

ADHD（注意欠如・多動性障害）

- 忘れ物が多い
- 衝動的な言動が多い
- 落ち着きがなく、授業中に歩き回ってしまう
- 順番を待てない
- ケアレスミスが多い

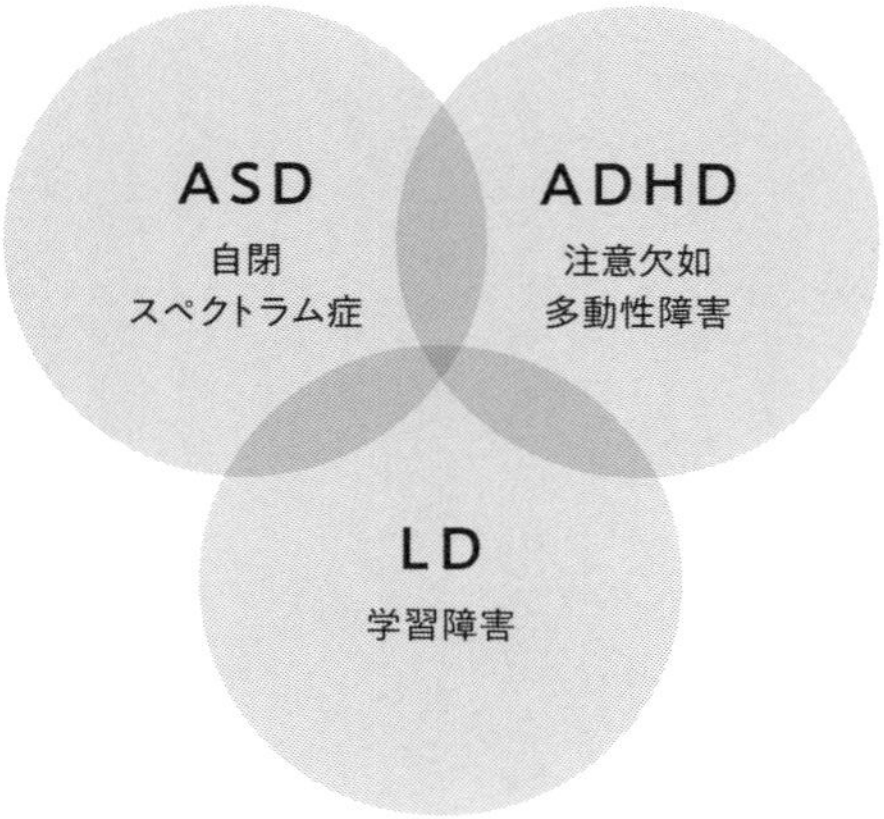

LD（学習障害）

- 計算ができない
- かけ算九九が覚えられない
- 文章が読めない
- 漢字が読めない、覚えられない

＊いずれも知的な問題はない

2

雑談の強要が苦手で職場のコミュニケーションが困難

ASDと軽度のADHDである都内在住のエリコさん（28歳・仮名・会社員）。大学時代の就活ではなかなか内定が出なかった。就職してからは、職場の人とのコミュニケーションがうまくいかず、何度も転職を繰り返している。

時間の逆算が苦手で毎日遅刻していた大学時代

エリコさんは子どもの頃から何かに疑問を持つことが多かった。4歳の頃は「なぜお父さんとお母さんはケンカするの？」と両親に聞いてはうまく答えてもらえず、小学6年時には地球温暖化などの環境問題に興味を持って両親に質問するも、やはり答えてもらえず、もやもやしていたという。

好奇心旺盛な性格と捉えることもできそうだが、「親や教師からはめんどくさい子と思われていたのでは」とエリコさんは言う。そして、「今思うと小さい頃から他の子より片付けるのが遅かった」とも語る。本格的に発達障害の特性で困るようになったのは大学に入ってからだった。

「とにかく遅刻癖がひどくて。中学生くらいまでは親が時間を管理していたので遅刻することはなかったのですが、大学に入ったら毎日遅刻するんです。でも、寝坊して遅刻しているわけじゃなくて、時間を見積もって何時に家を出ればいいかという逆算がすごく苦手なんです。当時はそれが苦手だということもわかっていなくて、時間という概念もなかったんだと思います」

大学の最寄り駅は都内なのに、電車を降りたらのどかな田舎の光景が広がっていて、なんだか変だなぁと思っていたら、高校のときの最寄り駅だと気づき、慌てて引き返して大学に遅刻してしまった経験もあるという。遅刻癖と戦いながらもキャンパスライフを送っていたエリコさんを、大学3年生のときに病が襲う。

「朝起きたら体がまったく動かないんです。ちょうど、就職活動に入るちょっと前の時期でした。それで、心療内科に行ったら自律神経失調症だと言われ、もう少し込み入った治療が必要だからとメンタルクリニックを勧められました。そこに通って数年経った25歳のとき、医師から『自閉傾向があるよね』と言われ、ASDと軽度のADHDだと診断されたんです」

最近ではベーシストのKenKenが自律神経失調症であることを公表して療養中なので、この病名を聞いたことがある人もいるかもしれない。何の原因も思い当たらないのに倦怠感や憂鬱感、頭痛や動悸などの症状が表れる病気である。

エリコさんの場合、倦怠感と「死にたい」という気持ち、食欲不振が強く、近所のコンビニに行っただけで疲れて2時間も寝込んでしまったり、水道で手を洗っただけで下痢をして1日に何度もトイレに行くことになったりした。そんな病と発達障害を抱えながらも就職活動を進めていった。

「自律神経失調症ですごくしんどい日でも、グラグラする頭のままOB訪問をしていました。絶対に正社員になって男性社会で勝ってやると強い信念を持って就活していました。新聞社やメディア系に進みたくてそちらを受けつつ、商社やメーカーなども受けていました。でも、当時お世話になっていたゼミの先生からは『あなたが新聞記者を目指すのは自殺行為だからやめなさい』とは言われていましたね……」

就活がうまくいかないときは自傷行為をすることも

熱心に就活していたエリコさんだったが、なかなか内定は出なかった。そして、自分を叱るために自分の頭を拳で殴ったり、腕に赤いボールペンで「なぜできないんだ」、「この組織で生き抜く方法を必死で考えろ」、「早くしないと追い抜かれるぞ」などと書きなぐったり、唇の皮をむいたりする行為がはじまった。

唇の皮をむいているときは無心になれた。リストカットだけは絶対にしないと決めていたが、後にこれらの行為も自傷行為と同じであると知った。発達障害を引き金に自傷行為や鬱などの二次障害を引き起こす人は多い。

結局、エリコさんは新卒無職となり、アルバイトとして働くことになった。アルバイト先は販売職だったが、自律神経失調症の症状がぶり返してしまったため3か月で退職。職場が遠くて通うのが体にこたえるのと、業種もまったく合わなかった。その後、療養のため1年間無職で過ごした。

1年間休養し、少し体調が戻ってきたときにアルバイトで入社したA社は事務職だった。しかし、すべき仕事はほとんどなく、いつも2~3時間で自分の仕事が終わってしまう。「何かすることはありませんか?」と周りの社員に聞いて回ってなんとか1日過ごしていたが、3か月でクビになってしまった。この後、エリコさんは現在まで4社に転職することになる。

なぜ事務職は自分に合わなかったのか、確かめるために次の会社のB社も事務職(アルバイト)を選んだ。しかし、ここでもうまく働けず8か月で辞めた。そして、4社目は清掃会社のC社へ。「発達障害の診断がおりたのが、ちょうどB社とC社の間の、つなぎのバイトをしていたときだったんです。自分が発達障害だとわかってから、なぜ私の対人関係がおかしかったのか、すべてつながりました。そこで、自分の体調と才能を腐らせないためにどうすればいいかを考え、自分の取扱説明書を作りました。自分のスキルや特徴を書いているうちに、細かいところにこだわりがちであることに気づきました。たとえば、お皿の列を整えたり、本棚から飛び出ている本を整理したりしないと気がすまないとか。そう考えると、もしかすると清掃会社なら自分の特性を活かせるのではないかと思いついたんです。そして、20社くらい清掃会社に電話してC社の内定が出ました」

雑談を頑張ったつもりが逆効果に

C社で働いた後、またもや転職をし、4社目のD社も清掃会社を選んだ。ここは契約社員での雇用となり、はじめて社員とつく名の仕事を勝ち取った。ところが、このD社で人間関係の壁にぶち当たる。

「発達障害の人って雑談が苦手な面がありますよね。私、雑談をするのはかまわないのですが、雑談を強要されるのが嫌なんです。転職するたびに、あいさつと雑談がない世界に行きたいという気持ちが強くなるばかりでした。『あいさつは世間へのパスポート』という、うまい言い回しをネットで見かけたことがあるのですが、『そんなに大事ならあいさつをすればいいという気持ちをやめませんか?』って思うんです。

雑談も話すキッカケになるのは理解できるのですが、それって他に話すキッカケを作ることをサボっているように思えるんです。私からしたら、会社の人たちってあいさつと雑談を盲信しているように見えてしまって……。朝は『おはようございます』、午後は『お疲れ様です』というのが私のなかではつながらなくて理解できないんです。

でもやっぱり、組織で働くというのは実際の業務の内容なんかよりあいさつと協調性が絶対なんです。業務以外のことができないと人間としての評価はいまいち。当時の私は、仕事をするスタートラインにも立っていない状態です」

多くの人は自然に行っているであろうあいさつや雑談を、ここまで深く考え、自分の理論に組み立てているのはASDの特性と言えるのかもしれない。そうやって疑問と鬱憤を溜め込んでいったエリコさんだったが、ついに限界がきてしまった。

「C社は男性社員が多かったので、気を遣ってもらえている部分がありました。それでも当時は気を遣ってもらえていることにも気づいていなかったのですが……。D社は女性社員が多い会社でした。コミュニケーションのうまい友だちにいろいろと教えてもらって、あいさつと雑談をすることでどう変わるのかD社で実験してみたんです。

そうしたら、『あの子は中途の新入りのくせに生意気だ』という陰口を言われていることを、先輩が申し訳なさそうに教えてくれました。『改善したのになんで!?』という気持ちが高ぶって、その場で泣き崩れてしまいました」

改善したのになぜ陰口につながるのか筆者も驚いたのだが、よくよく話を聞いてみると次のようなことだった。先輩から「お昼どうする?」と言われた際、「私は向こうで食べるんで」と答えたエリコさん。彼女はこれを「お昼をどこで食べるか聞かれただけで、誘われたわけではない」と判断した。

しかし、ニュアンス次第ではあるが、「お昼どうする?」という言葉の裏には「一緒に食べよう」という意味が含まれていたとも考えられる。ASDの人は言葉をそのまま受け取り、会話の裏に潜んでいる感情を汲み取ることが苦手だと言われている。これは筆者の想像であるが、エリコさんはこのようなコミュニケーションの齟齬が重なり「生意気だ」と陰口を叩かれるようになったと思われる。結局、エリコさんは精神的に耐えられなくなりD社を退職した。

「会社には『命のほうが大事なので辞めます』と伝えました。これ以上この会社で働いたら私は自殺しちゃうなと思ったんです。思えば、大学生のときから27歳までずっと、自殺するタイミングを探ってたんです。だけどそのたびに、『私はクリエイターとして大成すると10代のときに決めて、そのために頑張ってきたじゃないか!　今死んだら今まで頑張ってきたものが無駄になる!』と自分に言い聞かせてきました」

「生きづらさ」という5文字を知らない人がいる

現在はE社で働いているが、現職の話はNGとのこと。D社を辞める際、部署のマネージャーに発達障害であることを告白した。

「時間管理ができず遅刻してしまうことや、コミュニケーションの仕方が変わっていることは、ASDやADHDによって引き起こされていることが高いと医者にも診断されていると伝えました。でも、マネージャーはそのときはじめて発達障害を知ったみたいでした。『発達障害でずっと生きづらさを抱えていて……』と言った際、『生きづらさって何ですか?』と聞かれたんですよ。えっ!『生きづらさ』という5文字を知らない人がこの世にいたんだ!ってびっくりしちゃいました。最後は社長と面談したのですが、どうやら話がうまく伝わっていなくて、私が発達障害ということはわかっていなかったと思います。でも、『あなたがいちばん多くの案件を取っているから、辞めるのはもったいないね』と言われました」

筆者の感覚としては、発達障害はだいぶ世間に認知されてきたと思っていたのだが、まだ知らない人はいるようだ。最近ではNHKが発達障害の特集を放送したことなどもあり、ネット上で反応を見ることもできる。その点についてどう思うかエリコさんに聞いてみた。

「NHKの発達障害プロジェクトで、特性の理解がだいぶ正しい方向に動き出したという感じはあります。Facebookでも、発達障害ではなさそうな人たちが関連のシェアをしてコメントをしているのを見ました。でも、Twitterなどの反応を見ると意見が大きくふたつに分かれています。ひとつは『障害ではなく個性だから当事者が生きやすくなる環境を作れ派』と、もうひとつが『障害とすべき派』。いろんなツイートを見ていると、これだけ生活環境に合わない人が可視化されている現状はちゃんと受け止めたほうが健全なんですよ。身体障害や知的障害とも違い、存在そのものが宙ぶらりんなので、定義の見直しも必要だと思います」

感覚過敏・感覚鈍麻についてもシェアしたい

日々、発達障害について自身のブログで発信を行っているエリコさん。彼女の目標は発達障害のブロガーとして知名度を上げることだと語るが、もうひとつ目標がある。

「定型発達の人と発達障害の人の感覚の違いを共有できるイベントやプロジェクトを起ち上げたいなと思っています。発達障害の特性として、コミュニケーションの仕方以外にも、感覚過敏とか感覚鈍麻《どんま》があるんです。私は過敏なほうです。たとえば、大型の家電量販店の音や光が本当に耐えられないんです。

あとは、人間から発せられる生理音も苦手。咀嚼《そしゃく》音とかエレベーター内でつばを飲む音とか、あくびの後の『ムニャムニャ』という声と顔がすごく嫌なんです。人と顔が近いとき、人の顔の臭いも気になります。この感覚をかわいそうと思われるのではなく、おもしろくシェアできる方法を探しているところです」

感覚過敏・鈍麻についてはまだ認知度が低いと感じる。これらを伝える方法としてエリコさんが今気になっているものが「Haptic Design」というもの。「Haptic」というのが「触覚」という意味で、触れることに基づいた、新たなデザイン分野だ。エリコさんはストレスがたまっているときに何かモコモコしているものを触ると落ち着くことに気づき、そこからHaptic Designにたどり着いたそうだ。イベントやデザインの展示会なども行われているため、彼女は何度か足を運んでいる。

エリコさんは凛として言葉を選んで語ってくれた。つらい過去を乗り越えて自律神経失調症、そして発達障害と付き合いながら、つねにアンテナを張っている彼女を今後も応援したい。

特性による困りごと

発達障害の特性により、当事者にはさまざまな場面で困りごとが起こっている。

[ASDの場合]

・言葉をそのまま受け取ったり、考え方が極端だったりするので、人とのコミュニケーションで問題が生じやすい。
・無愛想と思われてしまう。
・TPOに合った服装ができない。
・自分の意見をまとめられず、人に流されやすい。
・雑談が苦手で、おしゃべりに混ざれない。
・空気を読めていないという自覚はあるので、気疲れしてしまう。

[ADHDの場合]

・悪気はないのに失言してしまう。
・話を聞かない人と思われる。
・ケアレスミスが多い。
・オールラウンドを求められる仕事ができない。
・多動により、就職の面接などで印象が悪くなる。

[LDの場合]

・知的な問題はないのに読み書きや計算が困難なため、文章を書いたり計算をしたりしないといけない場面で苦労する。勉強ができないことへの劣等感が生まれる。

[共通]

・感覚過敏（視覚・聴覚・嗅覚・味覚・触覚）で、スーパーの光が耐えられないほど眩しい、音の大きな場所に耐えられない、肌触りが特殊な衣類が着られない、シャンプーが苦痛、ニオイが独特な食べ物や舌触りが独特な食べ物を受け付けないので偏食になる、など。
・感覚鈍麻で、痛みや熱さに鈍いため、病院で治療を受けないといけないほどのケガや火傷に気づかず、対処が遅れてしまう。

＊感覚過敏と感覚鈍麻、両方持ち合わせているケースもある

3

小中時代は不登校だったが、得意分野を見つけて自立

愛知県在住でASDのヨシヒコさん（26歳・仮名・会社員）。小学4年生の頃から不登校で引きこもりに。引きこもっている間、プログラミングに出会う。専門学校に入学後、恩師に出会い人生が好転した。現在はSEとして働いている。

不登校中に出会ったプログラミングに夢中に

現在はIT企業でSE（システムエンジニア）として働いているヨシヒコさんだが、小学4年生の頃、突然授業がつまらなくなり不登校に。専門学校に入るまで長らく引きこもりだったという。

「かけ算九九もクラスで覚えるのが遅いほうで、授業を受けるのが我慢できなくなり、教室から飛び出したこともありました。それで、問題児として扱われ、特別支援学級に入ることになりました。住んでいたのがたまたま国だか県だかが指定した教育モデル地域になっていたこともあって検査を勧められ、町の心療内科に通ったところ、ASDと診断されました」

学校に行くのが嫌で引きこもっていたヨシヒコさんだったが、引きこもり中に出会ったのがプログラミングだった。きっかけは親戚からもらったお古のパソコン。最初のうちはパソコンに内蔵されているゲームをプレイしていたが、次第にプログラミングすることにハマっていった。

「プログラミングってルールが決まっていて、書けば書いたとおりに動いてくれる。それが楽しくて、小学5年生のとき、フリーソフトを作りました。保存もできないただのメモ帳（テキストボックス）で、今で言うと付箋アプリのようなものです。でも、それを使ってくれる人がいるということで、すごく承認欲求が満たされたんです。自分は絵も描けないし、歌もうまくないので、発表できるものがたまたまプログラミングだったんです」

ヨシヒコさんは「すごくシンプルなものですよ」と笑っていたが、IT分野に疎い筆者からすると、小学5年生にしてフリーソフトを作り上げるとは天才少年を想像してしまう。

入院生活で自分を見つめ直すも、不登校が続く

やがて、中学校に入学したヨシヒコさん。中学でも特別支援学級に入り、学校生活は苦痛だった。なぜ学校が嫌だったのか聞いてみるも、彼からはっきりした答えが出ることはなかった。ただ、母親からは「あなたは小さいときから相手の気持ちを考えられず、すぐに自分からケンカをふっかけていた」と言われたことがあるという。コミュニケーションの取り方に問題があったのかもしれない。そして、中学2年生のときに3か月間だけ心療内科で入院生活を送ることになる。

「当時、ASDの権威の先生に診てもらっていたのですが、『そこまで君はひどくないから、一度、自分よりも大変な症状の患者さんと一緒に入院してみたら？』と、荒療治された感じでした。とりあえず、そういう環境に身を置けば良くなるかもしれないと」

基本的に病院の敷地から出ることはできなかったが、敷地内にはコンビニや図書館もあり、生活するうえで困ることはなかった。個室はなく4人部屋で集団生活。昼間は隣にある特別支援学校へ通い、定期的にカウンセリングを受けた。普段は安定しているのに、時おり精神状態が不安定になって暴れる患者もおり、そのような患者は隔離された。

社会と隔離され、つらい入院生活だったのかと思いきや「つらくはなかったし、自分の症状は軽いのだと思えた。自分にとって折り合いをつけるための入院で、自分を見つめ直せた」という。

3か月間の入院生活を経て、それまで通っていた地元の中学校に3年生で復帰した。心新たに頑張ろうと思っていたのに、現実はそうはいかなかった。

「学年が上がってクラス替えが行われ、担任の先生も変わりました。僕は入院のため3か月間学校にいなかったので、一瞬存在を忘れられた状態になっていたんですね。だからだとは思いますが、『ヨシヒコはちょっと心の病気があるけど仲良くしてやってほしい』みたいな言い方で僕をみんなに紹介したんです。そうすると、クラスの人たちの僕を見る目が一瞬にして変わりました。それで、教室にいづらくなってしまい、再び不登校になってしまいました」

また、ヨシヒコさんには元々軽い吃音《きつおん》があった。それも関係し、コミュニケーションを取ることが難しい場合もあった。電話のように相手の顔が見えない会話だとなおさら、自分がしゃべるタイミングがわからなくなり、相手が話す番のときに話しはじめてしまい、会話のテンポがつかめないのが悩みだという。

コミュニケーションが円滑にいかないこともあるため、ヨシヒコさんを馬鹿にしていじめるクラスメイトもいた。ある日、彼はついに我慢の限界に達し、彫刻刀を持ち出してそのクラスメイトの前で振りかざしてしまう。慌ててほかのクラスメイトが止めに入って何とかその場はおさまった。「今思うといじめではなく、からかっていただけなのかも」とヨシヒコさんは語ったが、当時の本人はそれで傷ついていたのだ。

恩師に出会い人生が好転

中学卒業後は、地元から少し離れたIT系の専門学校の高等課程（通信課程も含まれている）に入学した。知り合いがまったくいない環境だ。ここでヨシヒコさんは恩師に出会う。

「1年の最初の頃はやはり引きこもり気味でした。でも、担任の先生が発達障害とか関係なく、普通にほかの生徒と同じよう平等に扱ってくれたんです。その先生は『お前たちを、当たり前のことを当たり前にできる人間に育てる』とおっしゃっていて、それに感銘を受けました。社会人でも当たり前のことができない人っているじゃないですか。僕はこの先生のおかげで立ち直れました」

卒業後は、同じ系列の情報系の専門学校へ。在学中は、自分が作ったプログラムが雑誌に掲載されたり、IT系の国家資格に4つも合格したりするなどして、ついには首席で卒業という、充実した学生生活を送った。そして、専門学校に講師として教えにきていたIT企業の社長の会社に就職した。

「でも、この会社はブラックでした。パワハラがあるし労働時間も長く、残業代も出ませんでした。ほかの会社に出向していた時期もあったのですが、出向先の仕事が終わったら、自分の籍のある会社に戻ってきて、なぜかそこの仕事もしないといけませんでした」

過酷な労働環境で得たもの

こんなに過酷な労働環境だと、心を病んでしまわないか心配だが、ヨシヒコさんはこの会社が今の自分ができあがったきっかけになったと語る。この会社は、社員をセミナー業や新人研修、職業訓練校に情報系の講師として派遣することにも力を入れていた。そこで、ヨシヒコさんも講師として派遣されることになった。

「僕はASDの特性や吃音のため、しゃべりが早口だったり、コミュニケーションを取ることが苦手だったりします。でも、この会社で講師をすることで、人に教えるスキルが身についたし、何よりコミュニケーション能力は人並みになったと思っています。こんなに貴重な体験をさせてくれる会社はなかなかないので、3年間は必ず働こうと決めてやり遂げました」

3年で会社を辞めて第2新卒で転職。現在もSEとして会社員をしながら、フリーランスでも仕事を請け負っている。プログラマーは彼にとって天職なのであろう。そこで、ASDの特性を持つ人はSEに向いていると思うかを聞いてみると、次のような答えが返ってきた。

「厳密に言うと、ASDの人はSEよりもプログラマーのほうが向いていると思います。SEはプログラムだけでなく設計もするんです。でも、プログラマーはただプログラムのテストをするという単純作業です。だから、目の前に来たものをひたすらテストし続ける、テスターみたいな役割のほうが向いているのではないでしょうか」

ヨシヒコさんは適職を見つけてそれを全うできているようだが、発達障害の特性のひとつである「マルチタスクをこなせない」という点で困ることがあるという。たとえば、4つ仕事があってそれをすべてやろうとすると、そのうちひとつでミスをしてしまう。

それを防ぐため、ToDoリストに書き出して上からひとつひとつ確認しながら集中して取り組んでいる。そうすると、早く正確にこなせるそうだ。また、人の名前を覚えるのが苦手で、以前勤めていた会社の同僚社員のフルネームを思い出せない。定期券も今年に入って4回なくしたが、それは性格の問題なのかもしれないとも思っている。

子どもの頃は生きづらさを感じていたが、今は自分の障害についてプラスに捉えている。

「発達障害で苦労したことはたくさんあるし、できないことも多いけど、その代わり、他の人とは発想や考え方が違うし、おそらく頭の回転は速いと思っています。だからしゃべりも速くなってしまうのですが……。たとえばシステムやプログラムでトラブルが起きた際、ほかの人が見ている角度とは少し違う方向から攻めて解決することが多いです。

発達障害があるからとマイナスに考えても仕方がない。足りない分はきっとどこかに足されているはずだと考えています。でも、それと同時に普通の人と一緒にいられる自分にならなくてはという思いもあります。だから、普段から早口にならないよう意識はしています」

発達障害が知られるようになった今、発達障害がマイナスな意味で軽く使われている印象もあるとヨシヒコさんは語る。

「誰かが少し的外れだったり変なことを言ったりすると『お前アスペかよ〜』と突っ込む人がいます。もちろん、今はこの使われ方が改善されている途中だと思います。発達障害は少しずつ、障害のひとつとして認識されていくのではないかと思います。それこそ、アトピーと同じくらいの認知度になっていきそうです」

苦しんでいた時間が長かったが、今まで親に迷惑をかけた分、親孝行したいとも語った。

「ブラック企業で働いた経験も糧になり、ようやく人並みになったので、次は社会人として時間やおカネの余裕を持ちたい。医学的に発達障害が治ることはありませんが、時間やおカネに余裕ができるところまでいけば、自分は発達障害でないと言えるかなと思います」

生きづらさから立ち直り、さらなる階段を上っている最中のヨシヒコさん。話を聞いていると、努力の塊の人だと感じられた。

彼は幸運にも自分の得意なことを見つけられたが、「できないことばかりで何もできる仕事がない」と嘆いている発達障害当事者のつぶやきもSNS上で見かける。どうすれば自分の得意分野に出会えるかという課題も、当事者が抱える大きな悩みなのかもしれない。

4

当事者だからこそ似た境遇の子を支援する

大阪府在住でＡＳＤのユウキさん（26歳・仮名・会社員）。発達障害による二次障害に苦しめられたこともあった。現在は、発達障害などの障害を抱える子ども向けの支援施設で働いている。

二次障害がひどく、高校を中退

ユウキさんがＡＳＤの診断を受けたのは高校2年生のとき。1対1のコミュニケーションだとうまくいくが、対大勢の会話となると自分がどのような役割で動いていいのかがわからなくなる。

「小さい頃は社交的な傾向が強かったのですが、思い込みが激しくて突っ走ってしまい、自分の気に入らないお友だちを排除しようというガキ大将的な面もありました。母親は臨床心理士だったので、僕の凹凸（できることとできないことの差があること）に気づいていたようです。

小3の頃は、少し仲間外れのようなものにあってしまいました。でも、もともとプライドが高いので、クラスの中で認められようと勉強と運動を頑張ったら、サッカーがうまくなったんです。それで、『サッカーもできるし、なんかおもしろいヤツ』みたいな立ち位置になって、うまく適応していたように思います。

でも、そのまま公立中学校に通うと、僕にとっては不利になりそうな内申点を含めた高校受験をすることになるのを母が心配し、中高一貫の中学受験を勧めてきました。僕はあまり受験にピンときていなかったものの、受験勉強をはじめるとぐんぐん成績が上がり、大阪でトップの私立進学校に入学しました」

中学でも引き続き、勉強と運動に打ち込んだ。そのおかげで、成績は常に上位、入部したテニス部でも活躍し、良い成績をおさめられた。いじられキャラではあったが、楽しく過ごせていたという。

しかし、高校に入ると睡眠リズムの乱れ、自律神経失調症、音が異様に気になって部屋の窓を二重サッシにするまでの聴覚過敏、過敏性腸症候群といった、二次障害の症状に悩まされ、不登校気味に。これらの二次障害が日常生活に大きな支障をきたし、そのまま高校を中退せざるを得なくなった。

発達障害でつらいのは二次障害をはじめ、枚挙にいとまがないが、何よりもつらいのは「孤独」だとユウキさんは語る。

周りが楽しそうにしていても、自分には何がおもしろいのかがわからない。自分の好きなことややりたいことを一生懸命語っても、相手に響かない。そのようなズレは発達障害の人にしかわからない。

大学受験や就活も「独りよがり」に

インタビュー中、あちこちから新しい話題が降ってきて話し続けるユウキさん。彼自身にその自覚はあるのだろうか。

「情報量が多く、一方的にしゃべってしまう面はあります。対面で相手の反応を見ながらしゃべったり、相手の気持ちを察したりするのも苦手です。でも、いちばん困っているのはさっきも言ったように、二次障害のほうですね。これが勉強にも支障をきたしました」

大学は関西の中堅私立校へ進学。しかし、その受験勉強は苦労の連続だった。

「今のところ、ＡＤＨＤの診断は受けていないのですが、ちょっとした多動傾向のようなものがあるんです。受験勉強中にひとつの教科をずっと勉強するのが苦痛だし、同じ参考書を何度も解くということもできないんです。だから、いろんな参考書をひたすら買いまくるという……。それこそ落ちる人の典型的なパターンですよね(笑)。しかも、自分が興味のある分野は深みにハマっていくんです。好奇心は旺盛なので、試験には出ないようなある特定のマニアックなジャンルにばかりどんどん手を出していって……」

大学時代はキャンパスライフを謳歌できた。環境に適応すると過活動になる面があり、毎日が楽しくてたまらなかった。また、この時期に障害者手帳も取得した。

そして、就職活動の時期に突入。今までの勢いのままインターンの面接に挑んだところ、出鼻をくじかれてしまった。

「大学で募集をしていたインターンの面接は、企業の方と大学の先生が面接官でした。僕は大学時代、かなり積極的に企業の人と活動していたんです。今思うと勘違いなんですが、自分はわりと仕事ができるほうだと思っていました。意気揚々と自分の経歴や長所を『あれもできます』『これもできます』『こんなすごいことをやっています』っていうのを全部詰め込んだ濃い密度のエントリーシートを持って面接に挑んだところ、面接官からの第一声が『君、独りよがりの傾向があるよね』でした。

インターンの仕事内容自体はもっとマイルドで、地道な事務仕事などを依頼されると思うのですが、『そういうのもできますか?』という質問をされ、もちろん表向きには『できます』と答えました。でも、『コイツ、きっとそういう仕事には興味を持たないだろうな』と面接官は思ったのだと今になってわかります。もちろん、この面接には落ちました」

就活も成功したとは思っていない

就活も、大学受験のときと同じで自分の中では成功したとは思っていないというユウキさん。最初のインターンでの失敗から学んだおかげで、その後はだんだんとインターンに通るようにはなったが、希望の就職先の内定を取ることよりも、OB訪問をしたりインターンに行ったりと、就活自体が楽しくなってしまい、目標がぼんやりとしてきてしまった。マスコミや出版社、広告代理店を志望していたが、最終的には大手出版取次と大手教育系、ベンチャーの内定が出た。

「もともと教育には興味があったので、内定をもらった教育系の大手企業に入社しようかなと思っていました。でも、営業職で地方に出張があるということを聞いたらとても怖くなってしまって……。転勤もあるので、ずっと関西に住んでいたいという気持ちも高まってしまいました。

それで一度、内定者の集まりの際に人事の方に『実は発達障害と診断されているんです』とカミングアウトしたんです。障害者雇用として別の部署に異動できるような配慮があるのかなと期待していた部分があります。でも、会社側としては普通の枠で内定を出しているので、営業職のままでいてほしかったようです。今思うと、とても良い言葉をかけてもらったと思うのですが、当時の僕はプレッシャーに押しつぶされてしまい、内定を辞退してしまいました」

結局、大手出版取次へ入社。ここでは物流の部署へ配属されたが、これはユウキさんにとっていちばん苦手なジャンルの仕事だった。

「毎日新しいことを学んだり人に会ったりするのは好きです。一方で、毎日同じところに行って机に座って同じ業務を繰り返す……というのは非常に苦手なんです。ここでの仕事は、物流センターに届けられる商品を見て不良品がないか探したり、ラベルを貼ったりと、地道で複雑な工程を繰り返して管理する作業です。

その工程がどうしても覚えられなくて、ミスばかりしていました。あまりにもミスが目立つので上司に『実はこういう障害があって……』と相談をすると、人事部にかけあってくれ、全然違う企画系の部署に異動させてもらえました。やはり、自分が興味を持てない対象のものをエクセルなどで数値化して管理するのはすごく苦手です」

独特な体のバイオリズムと付き合いながら働く

また、ユウキさんは二次障害のひとつとして独特なバイオリズムがあり、夏場や冬場は生産性が2割ほど落ちる。過眠体質でもあり、睡眠は1日10時間必要だ。彼が当初志望していたマスコミや広告代理店は激務で睡眠が十分に取れない日もあるという話をよく聞く。ユウキさんのやりたいことと体のコンディションは対極状態にあったのだ。

筆者も睡眠時間は8時間ないと頭が回らず、イライラして食欲も落ちてしまう節がある。そんなとき、周りの人は短時間睡眠でも力を発揮できているのに自分は甘えているのではないかと自分を責める。ユウキさんにもそのような葛藤はあるのだろうか。

「それはすごくありますね。発達障害の人って、過活動な面があるのでどっと疲れたり、変なところで刺激を受けて疲れちゃったりすることが多いと、ある本で読みました。特に受験のときなんかは、周りの人が自分より頑張って勉強しているのに、自分は少し勉強しただけで疲れてしまうし、そこから回復するのにも時間がかかる。言葉を選ばずに言うと、『不良品』というか。受験生という観点だけでみると、恐ろしく効率が悪いので、やっぱり自分はダメ人間なんだと、すごくつらかったです」

現在、ユウキさんは転職し、独特な体のバイオリズムがうまく適応できる職場で働いている。冒頭でも述べた通り、発達障害などの障害を抱える子どもの支援施設だ。「放課後等デイサービス」といって、発達障害を抱える小1～高3までの子どもが通うことができる。

シフトは基本、昼の12時から夜21時まで。朝起きるのが難しいという点を気にしなくていい働き方だ。発達障害の子ども向けの学習支援とはあまり耳にしたことがない人もいるだろう。具体的にどのような施設なのだろうか。

「大きく分けると、学習支援とソーシャルスキルトレーニングを実施しています。学習支援だと、たとえば通常の学校で漢字は、何度も書き取りをして覚えさせます。でも、発達障害の子どもだと何度も書き取りをするのが苦痛で耐えられない子もいる。だから、目で見て覚えるのが得意な子には漢字の意味を表しているようなイラストが描かれた教材を使ったり、表意文字のような漢字は成り立ちから基礎的に話していったり。視覚的な部分を使って覚えるために部首などが色分けしてある教材もあります。ひとりひとり、学び方のアセスメントをとりながらコーディネートしていく支援です。

ソーシャルスキルトレーニングは、一言で言うと、社会で自律して生きていくために必要な能力を学ぶ学習です。その最も重要で中心的なスキルとして、コミュニケーションスキルがあり、そのコミュニケーションスキルを学ぶ手段として、ケーススタディやロールプレイングゲームがあります。たとえば、『Aちゃんは B君にこう言いました。Aちゃんはなぜ B君にこんなことを言ったのか、考えましょう』というような、本音と建前みたいなテーマでロールプレイングゲームの実践があります。

でも、学習支援もソーシャルスキルトレーニングも指導員によって教え方は全然違います。僕はもともと、クリエイティブなことをやりたいと思っていたので、この子はこういう教え方をしたら喜ぶだろうなぁと想像しながら教材を準備して、それまで全然興味を持っていなかった子どもが急に目の色を変えて楽しそうにしていると、すごくやりがいを感じます」

当事者として発達障害の子どもを見ているユウキさんは、子どもの頃の自分と重ねてしまうこともあるという。そして、この子の特性は少し改善したほうが将来生きやすくなる、でもこの子のこの部分は残しておいても他でカバーできるかも、と長期的な視点で子どもを見守っている。

個性として片付けるだけでは不十分

ユウキさんは、タレントなどの著名人が発達障害をカミングアウトし、それがアイデンティティーとなって成功する人がいることを一般的だと思っている人が一部いることに、モヤモヤを抱いているとも語る。

「発達障害を凹凸として捉えることはアリだと思うんです。今まで発達障害の人って『ちょっと変わった人』みたいな感じで特別な診断は受けずに生活をしていた人が多かった。でも、今は世の中に発達障害という言葉が広まっています。一方で、顕在化されつくしたことにより再び顕在化しているようにも思います。みずから発達障害を告白しているSEKAI NO OWARIのFukaseさんみたいに、発達障害を持っていながら、その個性ですごく成功した人もいる。

ただ、自分を含めて特別な才能を持っている人のほうが少ないのではないかと思っています。自分自身もそうでしたが、文系で特に資格も持たずに大卒で就活をする際、いちばん求められるのはコミュニケーション能力や集団への適応性、バランスよくマルチタスクをこなすことです。でも、発達障害を抱えていると、ここにうまく適応するのは相当難しいと実感しました。だから、社会全体の認識としては、個性で片付けるのではなく、抱えている深刻な課題を把握して、社会に適応できる環境を作るべきだと思います」

発達障害を抱えながらも、才能を開花させて有名になった人は美談として語られがちである。一方で、孤独や苦しみにあえぐ当事者もいることを忘れてはいけない。

発達障害の特性

すべての当事者に当てはまるわけではないが、無意識のうちにしてしまう当事者の言動により、定型発達の人は違和感を覚え、コミュニケーションの齟齬が起こる場合がある。

[プライベート]

・パーソナルスペースが近い
・会話中、最後まで話を聞かない
・話をまとめるのが苦手なので、何を伝えたいのかが分からない
・表情の変化が少ないので無愛想に感じる
・会話中、聞き間違いが起こったり、すでに終わった話題を出してくる
・落ち着きのない動作
・自分が知っている情報は相手も知っていると誤認が起こる
・連絡をギリギリまで怠ってしまう
・ストレート過ぎる物言いや失礼な物言いをする

[仕事]

・書類やデスクの整理整頓ができていない
・指示を出してもメモを取らない
・TPOに合った言葉遣いや服装ができない
・電話応対ができない
・その会議のテーマではない的外れな発言をする
・仕事の納期を守れない
・遅刻が多い
・メールの返信を忘れる
・しょっちゅう仕事に関係ないことをしている
・「適当にやっておいて」という指示に対し、本当に適当にする
・臨機応変な対応ができない

5

もっと早く自分の発達障害を知りたかった

埼玉県在住、ASDのアヤさん(仮名・30歳・接客アルバイト)は高校3年生の頃にASDの診断がおりていたものの、ASDであることを知ったのは6年前。現在は定期的にメンタルクリニックを受診しながら、婚約中の彼と同棲生活を送っている。彼女は筆者の友人であることから、今回は対談形式で紹介する。

勉強ができることが唯一のアイデンティティーだった

姫野 アヤさんは福岡県生まれの福岡県育ち。アヤさんとは大人になってから出会ったので小さいときのことはよく知らないのだけど、どんな子どもだったの?

アヤ 小学生の頃は私立中の受験を控えて、ほとんど塾に缶詰めだった。多分、小学生の頃は「クラスの子より勉強ができる自分」ということでアイデンティティーを保っていたのだと思う。ちょっと普通の子とは違っておかしい部分があったと思うけど、「私はみんなより勉強ができる」って思ってクラスメイトを見下していた感はあったかもしれない。勉強ができれば、ちょっとくらい運動ができなくても何も言われないし。

姫野　親はアヤさんがほかの子と違うということに気づかなかったの？

アヤ　おそらく、気づかなかったからどんどん症状が悪化していったんだと思う。「母親の期待に応えなきゃ」という思いが強かった。もともとは私立小学校の受験をしたんだけど落ちちゃった。本当は母親自身が行きたかった学校だったらしく、母は私に期待をしていたみたい。

いまだに覚えているのが、小学生のときに100点満点のテストを母親に見せたら光る消しゴムを買ってくれたんだ。それを買ってもらえるから毎回100点を取ろうと頑張った。でも途中から、消しゴムを買ってもらうことよりも、うれしそうにそれを買っている母親の姿を見るのが目的になってしまって……。その消しゴムを使うこともなく、ただ大量にずら〜っと並べていたな。

姫野　クラスメイトを見下していたということは、学校に友だちはいなかったの？

アヤ　いないわけじゃなかったし、今でも地元に帰ったら会う子たちもいるけど、小学校の思い出がない。学校よりも塾の思い出ばかり。塾での友だちのほうが仲はよかった。休日も朝の9時から夜までずっと塾にいたから、塾のみんなとご飯を食べるのは楽しかった。

人との距離がわからずパニックになることも

姫野　そして中学校は男女交際禁止の厳しい私立中学校に進学したんだよね。

アヤ　そして退学になった（笑）。学校内で生徒が自殺してしまった事件があり、それを学校側がひた隠しにしていたことが許せなかったんだよね。それで先生たちにたてついたら問題児扱いされてしまって。そして、何がきっかけか忘れてしまったのだけど、中2の春くらいからリストカットをはじめたの。それくらいの時期から自分を見失いはじめた気がする。

本当にギリギリのところで受かった学校だったから勉強も全然ついていけてなかった。クラスも成績別に分かれていたし、小学校までは勉強ができることが唯一のアイデンティティーだったのに、そこで自我が崩壊しちゃった。別に親は、その学校でトップになれとかは言わなかったけど、今までみたいに親を喜ばせられないことがつらくて。

当時、自分のブログに「学校で死にたい」とか書いていたら、先生たちが私のブログを見つけてしまって、危ない生徒みたいな存在になった。私は保健室登校をしていたのだけど、学校でリストカットをするくらい病んでた。

姫野　ＡＳＤの特性として「空気が読めない」とか「人の気持ちを察することができない」とか言われることがあるけど、その特性は小中学生のときは出ていたと思う？

アヤ　空気が読めないとかはあんまり感じたことはないかな。

姫野　私、アヤさんと接していて思うんだけど、初対面の人にも異様なほどフレンドリーだよね。以前、夏に一緒に居酒屋に行ったとき、店の冷房が効きすぎて寒くて、隣の席の見知らぬカップルに「寒いですよね」と話しかけていてびっくりした。そういうのも、特性の一種なのかなと私は感じたことがある。

アヤ　人にすごく気を遣うからかな。気を遣いすぎて疲れるから、友だちと遊んだ翌日に学校を休むこともあった。でも、あまり自覚はないんだよね。親から「あんた、あの子と遊ぶと絶対翌日ダウンするよね」と言われて気づいた。

つねにコトを荒立てないようにというのは気にしている。基本的に人とケンカをしたくない。悪口は言った分だけ言われるんだと思って生きてきたから、友だちの悪口は絶対に言わないようにした。だから、中学のときはクラスで人気があってみんなから好かれていて、生徒会長候補にも挙がったんだよ。でも、先生から却下されたんだけど。

ASDではなくうつ病と診断された

姫野　アヤさんが精神科に通いはじめたのはいつ？

アヤ　リストカットをはじめた中2の頃、学校の勧めで行った。でも、そのときはASDではなくうつ病と診断された。

姫野　でもそのうつ病は、ASDの二次障害だったってことだよね？

アヤ　そうそう。そして、中3のときに公立中に転校して高校は定時制に行った。そこで、いったんは落ち着いた。だけど高2のときに彼氏ができて、その彼氏が好きすぎて「嫌われたらどうしよう」という恐怖から友だちとの約束をないがしろにしはじめて友人関係が崩れてしまい、「もうダメだ」と思って親には内緒で自ら精神科に行った。

　私は人との距離感が分からなくなるときがある。高校2年のとき、文化祭でファッションショーをすることになり、私がモデルに選ばれて、その顔合わせ的な最初の集まりに遅刻してしまったの。周りはそんなに気にしていなかったと思うけど、パニックになってしまって出席していた友だち全員に「遅刻してごめんなさい」というメールを送った。

　そうしたら親友から「ちょっとあれはどうかと思うよ。あんなに丁寧に全員に謝罪のメールを送らなくてもいい」と言われて。そんなこと言われても、私はあのときどうしたらいいのかわからなかったし、「じゃあどうすればよかったの？」って。

姫野　重大な会議だったらそれくらい謝るべきだけど、多分もっとゆるい会議だったんだろうね。

3度目の自殺未遂で3日間昏睡状態に

アヤ そして、高3の夏休みに精神科に入院したんだ。そしたら、精神が回復するどころか、入院によってさらに親友から距離を置かれてしまって。

姫野 えっ、なんで?

アヤ 彼女は夏休みに私とやりたいことがいっぱいあったんだって。でも、私は卒業が遅れるのが嫌だったから夏休みに入院することを優先した。

姫野 そもそもなぜ入院したの?

アヤ 中2の頃に一度、部屋のカーテンレールで首吊り自殺をしようとしたんだけど、苦しくてすぐにやめてしまい、高3の夏休み前に今度は、大々的な自殺未遂をしちゃったから。2度目の自殺未遂はオーバードース（過量服薬）。病院に搬送はされなかったけど、翌日まで意識がない状態だった。

姫野 社会人になってからも一度オーバードースしてるよね?

アヤ あのときは、専門学校に入ったら周りはみんな自分よりすごく映画を観ていて詳しくて、まずカルチャーショックを受けた。その後、課題の動画制作で自分は求められていないと感じて絶望して、19歳のときに中退した。そして20歳のとき、何も夢や目的がないまま昼はイベント会社で働いて、私自身アニメオタクだから夜はメイド喫茶で働いていたんだけど、当時の彼氏に振られたの。失恋の傷というよりも、自分、やりたいこともないし何のために生きているのかなぁって思ったら死にたくなってしまったんだ。

このとき300錠くらい薬を飲んだんだけど、飲みながら友だちに「今までありがとう」というメールを送信していて、「これはヤバイ!」って思った友だちがうちまで警察の人と来てくれて、隣の部屋の人の承諾を得て入って隣からベランダを破ったら、倒れている私が見えて、警察の人が窓を割って入って救急車を呼んでくれた。

病院で胃洗浄を受けて、親も福岡からやって来た。私、3日間昏睡状態で、最悪の場合死ぬかもしれなかったんだって。そして、ひとり暮らしは危険だという医師の判断により福岡に帰った。実家では病院に通いつつバイトをしておカネを貯めては、好きなバンドのライブを観に東京や全国各地に行くという生活を送っていた。

姫野　それくらいの時期、たまたまアヤさんが東京に来ていたときに共通の友だちを通して知り合ったんだよね。確か24歳のとき。そして、26歳のときSNSで知り合った彼氏と同棲するために家を出て彼が住んでいる埼玉へ……。親は反対しなかった?

アヤ　絶縁されるレベルで反対された。おカネの工面も何もしないと言われたけど、私はそれでもよかった。離れてみてはじめて親が毒親と気づいたし。実家にいると親が絶対であり、正直なところ家におカネも入れてなかったし、食べさせてもらっているという感じが強かったのと、やは《ぱ》り育ててくれた自分の親のことを悪く思いたくなかった。

姫野　アヤさんがASDと診断されたのは高3のときなのに、なぜ知らされなかったんだろう。

アヤ　ショックを受けると思ったらしく教えてくれなかった。それまでずっと「自分は勉強ができるほうだ」、「まさか自分は発達障害なんかじゃない」と思っていたから。24歳のとき、障害年金の手続きをしている際「障害名　発達障害」となっていることに気づき、そこではじめて知った。私の場合だけかもしれないけど、医師からの診断書は自分では確認できないようになっていたから、具体的な病名は知らなかったんだよね。それに、うちは弟が重度のASDで、しかもLD（学習障害）まで入っていて、そんな弟を見ていたからまさか自分も発達障害だったとは思わなかったんだよね。もっと早く知っておきたかった。

弟は小2くらいまでオムツが取れなかったし、人との距離が極端におかしい。LDで漢字を形として覚えるから書き順がめちゃくちゃ。中学の頃は太っていていじめられていたし……。でも、高校のときにダイエットして30キロくらいやせて、そしてDJに出会ってクラブで活躍するようになって一気に変わった。夜間の定時制高校に行ったらそこでもいろんな出会いがあったらしく、今は友だちもたくさんいるし、昨年結婚もした。弟は本当に頑張ったと思う。こないだ母親と大ゲンカしたみたいだけど、それすら成長だと思う。ずっと母親に服従していたあの弟がって思うとね。

悩み続けるより病院を受診してほしい

姫野 ASDで接客が苦手という人は多いと聞くけど、アヤさんは今、接客業をしているよね。仕事上、ASDの特性で困ることはない？

アヤ 私はむしろ得意。職場では接客のコンクールで賞をもらったくらいだし。逆に苦手なのは桂ちゃんみたいな仕事。編集者から「ここはこうしてください」とか「ここはダメですよ」って言われるでしょ？　そうすると私の場合、自分を全否定されている気持ちになって無理。自分はすべてダメなんだってパニックになっちゃう。今、いちばん困るのは、二次障害のうつの波がひどくて、仕事に行けなくなる日があることかな。

姫野 アヤさんが発達障害の当事者として伝えたいことはある？

アヤ 「発達障害かな？」と心当たりがあるなら自分で解決しないで病院を受診すること。今はいろんな本が出ているし、ネットでも簡単に調べられるから、自分の中で「私、こうなんだ」って自己解決しないでほしい。私はずっと障害を隠されていて、それでつらかった。逆に、自分は障害だと受け止めたほうがいいと思う。そしたら、これができないのは障害のせいなんだってわかるから。障害だとわかっていなかったら、「普通の人ができることがなんで私はできないんだろう」って悩み続けるから。

「認知の歪み」と生きづらさの思考パターン

発達障害の特性により、仕事や人間関係で失敗経験が重なると、「自分なんて、どうせダメだ」という劣等感や被害妄想から「認知の歪み」が起こり、よけい生きづらさが生まれるケースが多い。「認知の歪み」とは、実際に起こった出来事に対して、誤った解釈をすること。発達障害当事者の場合、マイナス思考に陥ることが多い。これらの認知の歪みを矯正するには、自身の特性をよく知ることや、専門家によるカウンセリング、認知行動療法などが有効。

[認知の歪みのパターン]

「仕事ができない。自分はダメ人間だ」

→苦手な仕事を振られた場合にできないだけで、得意な業務をやればできる。

「スムーズに会話に参加できない。自分は嫌われているのかも……」

→聴覚からの情報処理が苦手なだけで、 嫌われているわけではない。

「すぐに疲れる。自分は怠け者だ」

→視覚情報や聴覚情報が多すぎてその分、 脳が多く処理を必要とする特性により、定型の人と比べ疲労を感じることが多い。 怠けているのではなく、定形の人よりも脳が働いている。

「『変わってるよね』と言われた。自分は変人だ……」

→個性的で、 ある意味おもしろい人なだけ。

「婚活や恋活がうまくいかない。自分は非モテだ」

→衝動性による特性で急激に距離を詰めすぎたり、 パーソナルスペースが近すぎたりして違和感を抱かせることがあるが、 人格を全否定されているわけではない。

6

発達障害同士の夫婦の結婚事情

発達障害当事者同士の夫婦、ショウタさん（28歳・仮名・IT系）とアユミさん（33歳・仮名・人材系事務）。ショウタさんは多動性優勢型のADHD、アユミさんは不注意優勢型のADHDとASDの併存だ。結婚して1年半（取材時）の新婚夫婦。発達障害同士の夫婦はどんな暮らしを送っているのか。

うつ病の原因がADHDだと判明

ふたりの出会いは、以前ショウタさんが働いていた会社だった。お互い障害者雇用枠での勤務。身体障害者は車いすに乗っていたり白い杖をついていたりなど見た目でわかるが、発達障害は精神障害者枠に入り、ぱっと見ただけでは具体的にどんな障害を持っているのかわからない。ショウタさんもアユミさんも、親しくなってから同じ障害を持っている者同士なのだと知った。
ショウタさんがADHDの診断を受けたのは21歳のとき。専門学校を卒業し、舞台役者をしながらアルバイトをしている最中、うつ病を発症。不眠や焦燥感に悩まされた。そして、うつ病の診察をしてもらった病院でADHDだと判明。うつ病はADHDの二次障害だったのだ。ちなみに現在は、双極性障害Ⅱ型の可能性も浮上し、その薬を飲んでいる。今まで取材をしてきたなかでも、精神疾患や自律神経失調症といった二次障害を発症し、よくよく検査をした結果、発達障害がそれらを引き起こしていたという例は少なくない。
「小学生の頃は授業中に落ち着きのない、典型的なADHDの特性に当てはまるような子でした。衝動性のせいか気も短く、派手にモノを投げたり取っ組み合いをしたり、学校中しつこく相手を追いかけまわすなどのケンカもしていました」（ショウタさん）
ショウタさんはそれまで、自分は少しほかの人と違うという自覚はあったというが、役者をしていたので「役者は少し変わり者であるくらいがちょうどいい」と、特に気にはしていなかったという。アルバイトはコンビニやファストフード店など、接客が得意。マルチタスクが重なるとミスをしてしまうことはあったが、つねに動き回っているのが性に合っていた。

妻は診断に落ち込み、夫は納得した

一方、アユミさんは29歳のときに不注意優勢型のADHDとASDとの診断を受けた。幼い頃は、風呂で「熱い湯に触るな」と言われているそばから触ってやけどをしたり、近所の小学校のウサギ小屋の網目に手を入れて餌をあげてはいけないと注意されているのに、手を入れてウサギにかまれ、指を3針縫うケガをしたり、衝動的な行動からケガをすることが多かった。

また、車の往来が激しい通りで突然「目をつぶって歩いてみよう」と思いつき、目を開けたら車が行き交う道の真ん中にいた。あるときは走っている車に石をぶつける遊びを思いついて実行し通報され、警察官が家を訪れたこともあった。

「小学校での勉強は、国語や社会は得意でしたが算数が苦手で暗算ができませんでした。でも、小4から塾に通うようになると成績がアップ。学年でトップになりました。しかし、勘違いや漢字の書き間違いなどのケアレスミスが多く、親からは『本気を出していない』とよく怒られていました」（アユミさん）

高校在学中はアルバイトも経験した。しかし、お菓子工場での作業中、人の指示が聞き取れずにラインを止めてしまうこともあった。指示を出す人の声が小さいのではなく、ほかの人はきちんと聞き取れているようだった。ほかにもスーパーのレジ打ちを経験したが、ここでも仕事を覚えられず、唯一まともにできたのは郵便局での年賀状仕分けのバイトだった。ひとりで黙々と作業でき、ミスをしたとしても届ける前の段階で修正されるので安心して働けた。

高校卒業後、本来は4年制大学の心理学科に進みたいという希望があったが、親から経済的な理由で短大にしてほしいと言われた。結局、短大で将来役に立つ資格が取れるならと、短大の栄養科へ進んだ。

「短大時代は調理実習や実験など、私にとって苦手な作業ばかりでした。調理実習の班では、誰が何をどうするという具体的な指示が出ないと動けないし、忘れ物も多かったです。座学も眠くなってしまいノートが取れない、集中できないなど、挙げるときりがありません。

病院での栄養士実習では、新生児のミルクの哺乳瓶の先の部分を10個ずつ重ねて並べるという作業がどうしてもできませんでした。それで『なぜこんなこともできないのか、実習だと思ってふざけないで！』とものすごい剣幕で怒られてしまいました。同じ作業を行ったほかの実習生3人に『難しかったよね？』と聞いたら、『普通にできたよ？』と不思議そうな顔で言われ、このときから自分は何かほかの人と違うのではないかと思いはじめました」（アユミさん）

栄養士は向いていないと、短大卒業後は一般企業に就職したものの まったく仕事ができず続かない。転職の回数は数え切れないほどで、10社は経験しているという。「みんなができることができない自分はおかしいのではないか」。そう思っていたとき、たまたまテレビでADHDについて放送しており、自分はこれかもしれないと病院を受診した。

しかし、最初にかかった病院では「ADHDは子どもの病気。あなたは学校も卒業しているし車の運転もできているのだからADHDじゃなくて抑うつ状態なだけ」と言われてしまった。その後、発達障害を専門とする病院でADHDとASDを併存していると判明した。

「診断された時はすごく落ち込んでしまいました。しかも『障害者手帳取れますよ』と言われ、手帳を取るくらいひどいことなのかと」（アユミさん）

「反対に僕は診断を受けた時、今までなぜ自分がちょっと変わっていると言われていたのか、理由がわかって納得した感じでした。ショックよりは納得した部分が大きかったです」（ショウタさん）

お互い得意なこと／苦手なことを確認するために同棲

障害者雇用で働いていることからもわかるが、ふたりは障害者手帳を取得済みだ。手帳の取得にはそれほどの労力はかからず、3か月ほどで取得できたという。ただ取材した人の中には、この3か月という期間を長いと感じ、転職活動の妨げになるからと取らない人もいた。

一方で、大変だったのが障害年金の手続き。セカンドオピニオンなどでいくつか病院にかかっていた場合、最初の病院での初診日の認定が必要であり、かなりの労力を要するので、「おカネを援助してくれる人がいるならば、専門家に依頼したほうがいい」とショウタさん。また、アユミさんは経済的な理由で、国民年金を払っていない時期があったため年金受給の条件に入らなかった。ショウタさんも21歳の頃、収入が少なく国民年金を払う余裕がなかったが、若年者納付猶予の手続きをしていたため年金の条件から外れることはなく、現在はショウタさんのみ年金を受給している。

「私たちはお互い真逆の夫婦なんです」とショウタさんは語る。発達障害にはできることとできないことの差が激しいという特徴があるが、お互い真逆なおかげで、苦手な面を補い合って生活できているという。

「入籍する前、半年間ほど同棲をして、お互い何が得意で何が苦手なのかを見る機会を作りました。そして、お互い得意・不得意をよく知ったうえで、今は暮らしています。妻は業者とのやり取りが苦手なので、家に業者が来たときの対応は僕の担当です。また、結婚式のときも、妻の要望をヒアリングしつつ、僕が舞台の経験から考えた演出などをプランナーに伝えました。妻は、何かを作ることが得意なので、ウエルカムボードやマカロンタワーの飾り、メニュー表や席次表などを作ってくれました。

もちろん、ふたりとも共通して苦手なことはあります。片づけに関してはふたりとも苦手ですが、僕は体調を崩しちゃうくらい苦手なんですよ。そこは、程度を見てどちらがやるか決めています」（ショウタさん）

「なるべく余計なものは家に持ち込まない、苦手なりに収納を工夫してみるなどしていますが、それでもまだ家の中はごちゃごちゃしていますね（笑）」（アユミさん）
「『あの大事な書類、どこにいった？』と、ふたりで家中を捜索することもよくあります」（ショウタさん）

障害者雇用は低賃金 出産後は経済的な問題が

また、取材時は妊娠8か月だったアユミさん。ふたりともADHDの薬を服用中とのことだったので、ここで妊娠中の服用について疑問が湧いた。
「現在は精神科と産婦人科が提携を取れる大学病院に通っています。妊娠初期に薬をやめていたら体調を崩してしまったこともあり、飲んだほうがいいという医師の判断で現在は服用しています」（アユミさん）
「精神科の先生と産婦人科の先生、それぞれ考えがあります。精神科の先生は、『赤ちゃんが先天性の障害を抱えて生まれてくるリスクがあるから飲ませない』という論理。産婦人科の先生は逆で『赤ちゃんが生まれた後の心配よりも、母体の心身の安定が重要だから飲み続けたほうがいい』という論理でした。

妻の場合、薬を飲まないと仕事にも支障が出てしまうし、そうなると発達障害の人は妊娠できないという考えにもつながってしまいます。最終的には妻が決めることとして、飲み続けるという産婦人科医の判断を選択しました」（ショウタさん）

発達障害は遺伝の可能性が高いという研究結果が出ている。ショウタさんとアユミさんも、妊活前に何度も医師に遺伝への不安について相談した。遺伝の可能性がある障害を抱える夫婦の妊娠となると、生まれる子どもへの心配を指摘する人もいるかもしれないが、主治医とこの夫婦が何度も話し合いを重ねた上での妊娠である。

アユミさんは薬の服用による赤ちゃんへのリスクをなるべく下げるため、出産後は母乳ではなくミルクで育てることを決めている。そして、出産後の悩みも山積みだ。最初のうちは数時間おきにミルクを与えないといけないのでまとまった睡眠時間を確保するのが難しい。母乳ではなくミルクなので、ショウタさんも積極的に育児に参加できるのがメリットなのだが、彼は双極性障害のため、夜は睡眠導入剤を飲んでいる。そのため、夜中に赤ちゃんが泣いても起きることが難しい。夜のミルクはどうしてもアユミさんの負担になってしまうことが予想される。

子どもが生まれると仕事との両立も考えねばならない。アユミさんは出産後、時短勤務を希望している。ただ、もっと深刻なのが経済的な問題だ。

「障害者雇用って通常の雇用と比べると賃金が低いんです。会社にもよると思いますが、月の手取りが20万円いけば多いほうです。極端な言い方をすると、僕と妻の年収両方合わせても、同年代の人の年収に届くか届かないくらいだと思います。アルバイトと同じような感覚ですね。よくあるのが、15万〜35万円の振り幅のある月収の障害者雇用の求人。その15万あたりが精神障害の人で、30万円あたりの人は身体障害の人たちなんです。身体の人たちは、精神の人と違って突然会社を休むような体調不良に陥ることが少ないです。体の一部にだけ障害があり、ほかは普通の人と変わらないので、できる仕事も多いです。

今後は子どもが生まれると申請すればもらえるおカネを駆使して、なんとかギリギリやっていけるレベルなのかなと思っています」（ショウタさん）

発達障害は100人いたら100通り

先述したようにアユミさんは数え切れないほど、ショウタさんも何度か転職をしている。そのたびに、「うちは身体障害者しか採っていない」、「発達障害の人は採っていない」とエージェントを通して落ちた理由をフィードバックされたことがあるという。差別にあたるとも考えられる一方、会社側も戦力になれる人材を要している。

「私が障害者だと認定された7年前に比べれば、障害者への意識は高まったとは思います。身体や知的障害者の方に対する差別は減ってきたのかなと思う一方で、発達障害は新しい障害というと語弊がありますが、なじみの薄い障害です。発達障害は100人いたら100通りあるんです。発達障害は本来の性格にちょっと上乗せされたような状態です。だからこそ、どう接すればいいのかと言われると答えがないところは確かにあります。受け入れる企業側も難しいと思います。なので、もっとメディアが発達障害の人がどう生きているのかを発信して、それを見た人たちがポジティブな感情でもネガティブな感情でも、それは受け取る側の自由なので、まずは知るきっかけのひとつになればいいなと思っています」（ショウタさん）

今回の取材は「口下手なので、あらかじめ話す内容をまとめてきました」と、アユミさんはA4用紙10枚にも上る「自分史」を書いてきてくれた。その様子をショウタさんは「当事者自身が自分の障害を正しく理解することは重要。妻はすごいと思う。自分で理解することが周りに理解してもらう近道なのでは」と語っていた。

ショウタさんは活発でおしゃべりなタイプ、アユミさんは口数は少ないものの芯のある方だという印象を受けた。「真逆の夫婦だからこそバランスが取れているけど、それは障害のある・なし関係ないかもしれない」と語るショウタさん。

取材を終え、この夫婦と駅まで一緒に帰った。妊娠中のアユミさんを守るよう、階段ではなくエレベーターを利用するふたりの姿は輝いて見えた。これからも試練が待ち受けているかもしれないが、ふたりで手を取り合って障害と向き合えば、新たな家族と一緒に歩んでいけそうだ。

後日談

その後、アユミさんは無事出産。ごく普通の夫婦と同じよう、ミルクの時間や気づいた点などを記録して育児に励んでいるという。ただ、この夫妻が住んでいる地域では、自治体の保健師さんと障害者福祉課の保健師さんが別で、話が噛み合わないことが多い点には困っているとのことだった。しかし、大変な面も含めて、毎日幸せに感じていると語っていた。

遺伝との関係性

発達障害の要因は生まれつきの脳の特性と言われている。そしてそれは遺伝の可能性が高いという研究結果が出ているが、まだ研究段階ではっきりとした確率が出ているわけではない。当事者取材を進めているなかでは、家族にも発達障害の特性が見られるケースがいくつか見受けられた。しかし、発達障害のある親すべてから発達障害の子どもが生まれるわけではなく、定型発達の親から発達障害の子どもが生まれる場合もある。

[発達障害の遺伝率]

ASD……64%～91%
ADHD……70%～80%

[発達障害と家庭環境]

発達障害について認知されていなかった時代は「家庭でのしつけができていないせい」と誤認する人もいたが、発達障害としつけは関係がないと研究結果で報告されている。しかし、特性によってできないことを厳しく叱る、虐待を行うといった行為は自己肯定感の低下につながり、そのような家庭で育った当事者は、より生きづらさを感じていることが取材から判明した。一方、特性を受け入れる家庭で育った当事者は、生きづらさを感じづらいケースも見受けられた。

〔参考〕『精神科治療学』第32巻12号（星和書店）「大人の発達障害と双極性障害との関係」篠山大明

7

ＡＤＨＤの特性から買い物依存症に

ＡＤＨＤを抱えるミチコさん（45歳・仮名・主婦）。若い頃はまだ発達障害という言葉自体がなかったため、「ただの困った人」扱いをされて苦しんだ。35歳で離婚をし、38歳で再婚。現在は障害に理解のある夫と暮らしている。

買い物の衝動をコントロールできない

約束時間ちょうどにミチコさんは現れた。手には買い物袋を抱えている。「ちょっと買い物をしてしまい、ギリギリになっちゃいました」。そう言いながらバタバタとカフェの席に着いた。

ミチコさんは衝動性の特性があるため、買い物依存症に。一時期はリボ払いギリギリの額まで買い物をしてカードの返済に苦労したという。買い物依存症というと、無駄なものや高価なブランド物を次々に買い漁るイメージがあるが、ミチコさんはそうではない。

「売り場で何かを見つけた際、必要なものと不要なものの判断ができないんです。インテリアとか、自分が目についたものはそのときの衝動で買ってしまいます。今はビーズでアクセサリーなどを作るハンドメイドが趣味なので、その材料を買うことが多いです。『必要なものだけ買いなさい』と言われても、私には全部必要なものに思えるんです。優先順位があいまいなんでしょうね」

買い物の衝動をコントロールできないことに困ったのが、自分が発達障害ではないかと疑ったきっかけだという。ADHDの人はその衝動性からニコチンやアルコール、ギャンブルや性といった依存症に陥る確率が定型発達の人の2倍という研究結果が出ている。

ミチコさんは25歳で結婚するも夫婦そろってうつ病を発症して共倒れとなり、35歳のときに離婚。38歳のとき再婚した。どちらの結婚でも子どもはもうけていない。現在の旦那さんはミチコさんの障害に理解があるため、彼女が衝動的な買い物をしてしまったときでも「あらら」と言うだけで決して責めない。ミチコさんも、支払いは現金のみ、できるだけ売り場から離れる、ネット通販だったらパソコンやスマホを閉じるなど、気づいたら対策を取るようにしている。

小学生の頃から書道道具や体操服など、挙げるときりがないほど細々とした忘れ物が多かった。しかし、勉強はよくできた。

「授業を聞いているだけだと退屈しちゃうので、教科書は授業でやっている内容とは別のページを読んでいたり、別の本を読んだりしていました。そうすると、真面目に授業を受けていないと思った先生が私を当てるんですが、それでも私は答えられる。授業の進みが遅いなといつも感じていました」

ところが、中学校に上がると反抗期のせいか、勉強のやる気もなくなってしまった。さらに、女子特有のグループがミチコさんには理解できなかった。にぎやかなグループには入れず、おとなしい子たちになんとなく混ざっていたが、中3の頃から登校拒否ぎみに。高校は進学校に入学するものの、授業のペースが速すぎてついていけない。ここでも登校拒否となり、先生の勧めで定時制の高校へ転校し、無事卒業した。

ハードな仕事によりうつ病を発症

「当時はフリーター全盛期。高校卒業後は、高校のときから働いていたファミレスのキッチンでバイトをしてフリーター生活を送っていました。その後、22歳の頃、知人の紹介で保険会社の営業へ。そこでうつ病を発症してしまいました。飛び込み営業でノルマがあったので、根を詰めて頑張りすぎたのだと思います」

このうつ病は、「今考えるとADHDの二次障害だったのだろう」とミチコさんは語る。ミチコさんはうつ病を発症する直前に結婚。しかし、間もなく旦那さんもうつ病を発症し、ふたりとも働けない状態となった。生活保護を受給して暮らしていたが、ケースワーカーから「早く働いてほしい」と言われ、ミチコさんは少し体調が良くなると働いた。

しかし、そうするとすぐに生活保護を切られることになる。体調が完全に良くなったわけではないので、半年もするとまた働けなくなり生活保護を受給、という繰り返しだった。ミチコさんは働きたいという意思を持っていたが、旦那さんのほうはうつがまったく良くならず、一向に働く気配がない。それが原因で離婚を決めた。

「生活保護に関しては今もバッシングをする人がいますよね。15～16年前は、まだ今のようなブログが一般的ではなかったので、自分のホームページに『うつ病でいくら生活保護をもらっている』、『家賃はいくら』、『今月はちょっと働けた』などわりと明るい口調で書いたら、2ちゃんねるでものすごくたたかれました。

当時は今以上にうつ病に対する偏見がひどく、怠け者と思われていましたし、『本当は働けるのに不正受給している』と、大炎上しました。いきなり全部削除するのも格好がつかないので保護が打ち切られるときに『生活保護をやめるので、このホームページも削除します』と書き込んで消しました」

困りごとは便利アイテムを利用して対策

うつの症状やADHDの特性のため、職を転々としていたミチコさん。物流関係の仕事は何社か経験したが、仕事をうまく進められずに困ったことがあった。

「13時半になったらそのときやっている作業をいったん中断し、別の階に行って違う作業を行い、それが終わったらまたさっきまでやっていた業務に戻らないといけなかったのですが、私にはそれができない。作業に夢中になっていて、13時半に別の作業をやるということをすっかり忘れてしまっているんです。それで、本当に困って旦那に相談したところ、とても良いアイデアをくれました」

そう言って差し出されたミチコさんの左腕には白いGショックがはめられていた。

「そこの事務所内はセキュリティの関係上、携帯電話の持ち込みが禁止だったので、このGショックで13時半にアラームを設定してはどうか、と旦那が言ってくれて実行したんです。このライフハックのおかげで、仕事のすっぽかしはずいぶん減りました」

Gショックのほかにも、発達障害による困り事を解決するためにミチコさんが利用しているアイテムがある。それが、デジタル耳せんだ。聴覚過敏の症状があるので、音がキツく感じるときはデジタルでノイズをキャンセルする。お気に入りはソニーのブルートゥース・ノイズキャンセリング・イヤフォンだが、すぐに充電が切れてしまうため、キングジムのデジタル耳せんも持ち歩いている。

ミチコさんは仕事だけでなく職場の人間関係でも「やらかした！」と思うことがたびたびあった。

「多分、頭の回転は速いほうだと思うんです。そのせいで、何げない会話の中から、この人はどのあたりに住んでいて何人家族で、といった個人情報を無意識のうちに収集してしまうんです。それで、『Aさん、どこそこに住んでいるんだよね？　こないだ雪のとき大変じゃなかった？』と聞いてしまって、『しまった！　気持ち悪いと思われる』となったり……。人のプライベートに立ち入りすぎちゃうんです。

また、職場に届いた荷物で『最近この会社の荷物たくさん来るね』という話になったとき、『X製作所という会社はどこそこにあって、何を作っていて……』と、自分が知っている情報をバーっとしゃべっちゃうんです。そして、言ったあとに、あっ、みんなしらけている……と感じてしまう。言いたい気持ちが抑えられないんです」

昔からガールズトークが苦手だったミチコさんは、休憩室での休憩時間も苦痛だ。みんなが話している雑談に入れない。休憩室でつけっぱなしになっているテレビを観ながら、芸能人の話などを同僚がしているが、会話の内容に興味がないためただ聞いているだけになってしまう。職場の飲み会も、気を遣って飲んだりしゃべったりしないといけないのがつらい。

そんなミチコさんがADHDだと診断されたのは1年ほど前。もともとうつ病で通っていた精神科で「私、発達障害ですか?」と自ら聞いたところ、ADHDだと診断された。自分はADHDなのではないかと疑いはじめたのは、買い物依存症もあるが、片付けられないのは発達障害の可能性があると書かれている『片づけられない女たち』(サリ・ソルデン著/WAVE出版)を読んだことだ。

「私も片付けられないですし、家事もできません。昨年10月にうつ病がひどくなって会社を辞め、今は求職活動をしながら合間に家事をやったりやらなかったり。でも、掃除はルンバ、洗い物は食洗機、料理は週1回来てくれるヘルパーさんに作ってもらいます。洗濯はしょうがないのでやっています」

必要な人ほど支援が届いていない

現在、ミチコさんは抗うつ薬や睡眠導入剤などの薬のほか、ADHDの薬であるコンサータを服用中。飲んでから12時間ほど効果を発揮する薬だ。

「コンサータを飲みはじめたのは、発達障害専門の病院に転院した頃からです。それまではストラテラを飲んでいたのですが、イライラや便秘などの副作用がひどく、コンサータに変えたら劇的に効いてびっくりしました。24時間効くコンサータがあればいいのにと思ってしまうほどです。でも、毎日飲んでいると活動的になりすぎて疲れちゃうので、休薬日も作っています。休薬日は1日寝ているのですが、そうなると生活リズムが狂いがちです。だから、旦那が起きたら自分も起きる、旦那が寝たら自分も寝る、というように心掛けています」

発達障害自体が知られていなかった20年ほど前までは、二次障害のうつで苦しみ、オーバードース（過量服薬）で3日間昏睡状態に陥ったこともあった。また、ミチコさんの右手首には過去のリストカットによる白い線が何十本も走っていた。

「私のように40歳を過ぎてから診断が下りた人間って何も支援がないんです。子どものうちに気づいていれば、今は子ども向けの支援施設もありますが、ここまで育ってしまった大人には何もありません。だから、病院に行けば薬は出ますが、自分で何とかしないといけない状態。大人のための支援については、もう少し行政に頑張ってもらいたいです。

生活保護の話につながりますが、支援が必要な人ほど支援が届かない。私はここまで元気になれたから、自分では料理ができないことがわかってヘルパーさんに頼むことができています。本当にどうしようもないときは、ただ精神科の薬を飲むことしかできません」

みんな少しずつ違うことが認められる社会になってほしい

最後に、発達障害に関する誤った情報も飛び交う世間に対する思いを聞いた。

「別に、発達障害の個別の症状について詳しく知ってもらわなくてもかまいません。ただ、精神障害者もいれば知的障害者、身体障害者、難病指定の病気の人もいる。偏差値50の人間なんていなくて、みんな少しずつ違うということが認められる社会になってほしいです」

40代になるまで、なぜ自分が衝動的な言動をとってしまうのか、なぜ普通の人と違って良好な対人関係がつくれないのか、なぜ仕事ができないのかわからずに悩み続けた彼女。しかし、今は理解のある旦那さんに支えられながら、発達障害の特性による困りごとには工夫と対策をこらしている。今後はこれらの症状と客観的に付き合っていけるのではないかと思った。

話しやすく気さくな女性という印象が強かったミチコさん。取材後、ミチコさん手作りの美しいビーズのピアスをプレゼントしてくれた。耳につけると、透明なビーズがゆらゆらと揺れた。ビーズの向こうに透けて見えるのは、マイノリティな人がいてもいいと思われる世界であってほしい。

二次障害と併発しやすい障害

発達障害で生きづらさを感じるストレスから、二次障害を発している人も多い。取材してきた当事者の約9割が二次障害を抱えていた。発達障害の特性そのものよりも、二次障害のほうがつらくて仕事を辞める原因になったと語る当事者も多く見受けられた。

[主な二次障害]

・うつ病　・自律神経失調症　・適応障害
・睡眠障害　・摂食障害　・依存症

[併発しやすい障害]

・双極性障害（特にADHDに多い。また、双極性障害はADHDと似た特徴を持つため、医師でも見極めが難しい場合がある）

依存症との関係性

ADHDは依存症に陥る確率が定型発達の人の2倍という研究結果も出ている。これは、ADHDの特性である衝動性が関係していると考えられている。

[二次障害として起こりやすい主な依存症]

・ギャンブル　・買い物　・性
・アルコール　・ニコチン　・薬物

8

座学に集中できず実習もうまくいかない

ASDとADHDを併存しているリョウヘイさん（仮名・21歳）。取材時、リョウヘイさんは九州の某県在住の理学療法士を目指すリハビリ系専門学校の3年生だった。しかし、実習でうまくいかず、試験の成績も横ばいだ。次第に昔から興味のあった芸能界への夢が芽生えはじめた。

野球部で部員や顧問とコミュニケーションのトラブルに

リョウヘイさんは7歳の頃にＡＳＤと診断されていたため、小学校から高校時代まで、発達障害の子ども向けの支援施設に通っていた。ただ、親からは「あんたは普通の人ができることができない部分があるから、あそこで訓練しているんだよ」と言われており、発達障害だから通っているとは言われていなかったという。

悪意なく言ってしまった言葉で相手を怒らせてしまうことが多く、コミュニケーションの取り方に問題があると、高校時代から強く感じはじめた。

小中高と野球少年だったリョウヘイさん。高校のときの野球部でも、先輩や顧問とのコミュニケーションが難しく、トラブルにつながることが多かった。

「野球部の部員が授業中に何か問題を起こすと、部の顧問にその話がいき、顧問から注意を受けることがあったんです。でも、他の部員は先輩から『お前、しっかりしろよ～』と笑いながら冗談まじりに注意されるのに、僕のときだけ同じポジションの先輩から本気でブチ切れられたんです。他の部員のときと同じような問題だったとは思うのですが……」

人とのコミュニケーションに悩みながらも高校を卒業。リハビリの専門学校へ進学した。自分が発達障害だと知ったのは専門学校1年生のときだった。

「専門への進学を機にひとり暮らしをしていたのですが、実習先の病院が実家の近くだったので、実習期間の1週間だけ実家から実習に通っていたんです。でも、実習で『なんで普通ならできるのにそんなこともできないの?』と言われたり、何気なく言った言葉だったのに『患者さんに対してそういう言い方はよくない』と怒られてばかり。患者さんに接する際のパーソナルスペースについても注意されました。

失敗ばかりの実習期間を終えて、ひとり暮らしの部屋まで親が車で送ってくれている車内で、親から自分はASDであることを告げられました。それから1週間くらいはイライラしていて、テンションも下がりっぱなしでした。実習後は実習で得た学びをレジュメにまとめて発表をしなければならなかったのですが、そういうことすらどうでもよくなってしまいました。正直なところ、今まで発達障害だと教えてくれなかった親を恨んでしまいました」

リョウヘイさんの周りの友だちは、アルバイトなどを通してコミュニケーション能力を身につけているように見えた。リョウヘイさんは1日で終わる日雇い派遣バイトのみで、長期間のバイトをしたことがなかった。

そこで、コミュニケーション力の向上を目指して、発達障害の子ども向けの支援施設でボランティアをはじめた。保護者と施設の先生が話している間、子どもたちと遊ぶ仕事だった。同じボランティアのメンバーからは「だいぶコミュニケーションが取れるようになったね」と言われ、自分でも成長を実感していた。

発達障害であることを告白し、実習内容を配慮してもらう

3年生になると3週間の実習があった。このとき、リョウヘイさんは担任にASDであることを告白した。すると、「実習先の病院にASDということを伝えて実習内容を配慮してもらお

うか」という話になった。しかし、そんな配慮をしてもらったのに実習の結果は散々だった。「高校までずっと野球をやっていたので、本当はプロ野球選手になりたかったんです。でも、ケガで野球を続けられなくなり、親も納得する仕事だったので理学療法士を目指すための専門学校に進学しました。実習先に配慮してもらっても結果が悪ければ、学校を辞めようとすら思っていました。

それを親に伝えたところ『学校を辞めるなら実家に戻ってこい』と言われました。実習先に配慮をしてもらったのにもかかわらずうまくいかなかった。その結果にムキになってしまい『自分だって本気でやればできるんだ』と、再び理学療法士への道を進むことにしたんです」

また、それが終わると今度は10週間の実習が2回あった。今回も事前にＡＳＤであることを実習先に伝えた。今度こそ変わろうと意気込んで臨んだ。しかも、この実習先の病院の先生の息子もたまたまＡＳＤを抱えていたため障害への理解があり、彼にとっては一番学びやすい実習先となった。そして、2回目の10週間の実習のとき、リョウヘイさんは実習をリタイアしてしまう。

「2回目の実習の先生は、課題が多くてかなり厳しかったんです。僕が勉強できないせいもあるのですが、先生を怒らせてしまうこともあって……。それで、そこの実習はリタイアしてしまいました。学校側からは『実習地の変更という手もある』と言われました。

僕はもう、やる気がなくなっていたのですが、友だちや親から『学校側がチャンスをくれているならとりあえずやってみよう』と言われ、実習地を変更。みんなより2週間遅れて実習から戻ってきました。実習の成績も悪かったです」

薬を飲むと集中でき、試験の結果がアップ

リョウヘイさんは理学療法士になる気がなくなってしまっていた。「卒業しても理学療法士にならないのに、今自分はここで何をしているんだろう、学校や実習先にこんなに助けて優しくしてもらったのに、こんな結果になってしまった」と思い悩む日々だった。しかし、実家に帰らず今の地域に住み続けたいという思いと、学校の友だちと離れたくないという思いがあり、学校を辞めなかった。

悩んでいるうちに、リョウヘイさんは抑うつ状態に陥ってしまった。親の勧めもあり精神科を受診。そこで、ASDだけでなくADHDも併存している可能性が高いことが判明した。

「僕は、うまく言葉をまとめて伝えられない部分があります。これは、ADHDの特性のひとつである『ポップコーン現象』というものだと医師が言っていたのですが、頭の中でポップコーンが弾けるように、様々な考えが浮かんでいくんです。これが、テスト中や野球の試合中に出てくるとなかなか集中できません。

たとえば、野球の試合でピッチャーをやっているとき、投げる瞬間、『バッターが友だちに似

ているなぁ』と気づくと、思考がそればかりになってしまう。試験の際も、実習を思い出さないと解けない問題があるので、実習を思い出そうとすると、そこから実習中に起こった別のことをイメージしてしまい、解くのに時間がかかってしまいます」

リョウヘイさんはつい先日、ADHDの薬であるコンサータを処方され、飲みはじめたばかりだ。これを飲んで困りごとが改善されるなら試してみようと少量からの処方となった。ちょうどその日、国家試験に向けた模擬試験を控えていたため飲んでみると、通常は昼間くる眠気がこなかった。また、試験結果も普段は5割程度しか取れないが、国家試験の合格ラインである6割を取れた。

しかしこのとき、まだリョウヘイさんは進路について悩んでいた。スクールカウンセラーからも「正直、君は理学療法士の仕事は向いていないと思う」と言われた。でも、理学療法士が向いていないと言われたことで、ホッとした気持ちが大きかった。

理学療法士への道をあきらめ、タレントを目指す

やる気が低下しているなか、リョウヘイさんは芸能活動をしてみたいという夢が芽生えはじめた。昔からジャニーズやAKB48などのアイドルに興味があったからだ。そして、芸能事務所の

オーディションを受け、無事合格。本部は東京にある事務所だが、九州にも支社があるので、地元のローカル番組やイベントの司会などをこなすタレントになりたいと思っていた。

オーディションではリョウヘイさんのキャラクター性が大いに評価され、チーフディレクターからは「21歳という年齢を考えると賭けだ。やりたいなら今すぐレッスンの合間に営業を経験させ、そこからテレビに出す」と言われた。しかし、「芸能の道を目指すかどうかは国家試験の結果次第だ」と、取材時にリョウヘイさんは語っていた。

「ADHDには物事に集中できないというマイナス面がありますが、良い意味で考えると発想力があるということなのかなと思っています。チーフディレクターからこのキャラクター性を認めていただいたことがとてもうれしかったです。今までは社会から良い意味で捉えてもらえていなかったので」

取材から2週間ほど経った頃、突然リョウヘイさんから電話がかかってきた。筆者はちょうど新宿駅で電車から降りたところだったので、片耳を塞いでガヤガヤとした人の声や電車の発車ベルなどを遮断してリョウヘイさんの声を拾う。電話の内容は、国家試験に落ちてしまったという報告だった。そして、芸能の道に進むことにしたという。また、今までお世話になった先生や友だち、親に感謝のメッセージを伝えたいとリョウヘイさん。

「同じ学校の友だちは、これから働くうえで、発達障害で悩んでいる方と接する機会もあるかもしれません。発達障害の方とうまく接するために特性をしっかり捉えてほしいです。同僚に発達障害の方がいた場合、対人関係などで失敗しても悪く捉えないでください。障害の特性と、個人の長所と短所といった性格をわけて考えてほしいです。

僕は自分の夢のために理学療法士をあきらめ、別の道に進みます。発達障害であることはこれからの人生で不利に働くことがあるかもしれませんが、生まれ持ったものなので耐えていくしかありません。友だちや周りの方々に感謝してこれから自分の夢に向かって頑張っていきたいです。そして、発達障害の僕をここまで育ててくれた親にも感謝しています」

筆者はたまに芸能人の取材をするものの、芸能界に特別詳しいわけではないので、彼がタレントに向いているのかどうかわからない。しかし、みずから発達障害を告白している栗原類《くりはらるい》さんをはじめ、独特なキャラクター性を活かしてタレントとして成功している人もいる。リョウヘイさんは今後、タレントとして活躍できるのだろうか。目指すのがローカルタレントということで、関東で放送される番組で見かけることはないかもしれないが、陰ながら応援したい。

9

勉強はできたが、仕事ができず3度の転職

ADHDを抱えるマサヤさん（28歳）。二次障害のうつ病により会社を休職後、退職。実家の福島に戻り、家業を手伝っている。

中学まではクラスメイトを見下していた

マサヤさんは子どもの頃、自分のことを天才だと思っていた。

「小学校時代のテストは常に満点。小学校のテストは100点を取れる人が多いですが、それでも特に自分は勉強ができると思っていました。たとえば、小学3年生で47都道府県を全部言えた

ので、やたら周りの大人から褒められました。

中学生の頃は釣りにハマり、魚の図鑑を食い入るように読み、たくさん魚の名前を覚えました。学習旅行で水族館に行った際、僕はレクリエーションの係だったので、はりきって非常にマニアックな魚のクイズを出題したら、当然みんな答えられません。そんな姿を『こいつらバカだなぁ』と思って見下していました。今思うとバカなのは僕のほうなのですが……」

こんな具合だったので、クラスメイトとのコミュニケーションもうまくいかない。そして、衝動的な言動により対人関係でトラブルを起こしたり、手に菌がついているのではないかと気になって手を洗い続けたりしたことから、小学6年生のときに心療内科を受診。その際、医者からADHDだと診断された。しかし、自分が障害者だということを受け入れたくなく、中学2年生を境に通院をやめてしまった。

小学生の頃と同じように相変わらず自分のことを天才だと思っていたので、中学でも特に勉強はしなかった。それでも成績は中の上だった。自分の成績ならばこのくらいのレベルの高校だろうと選んだ進学校も無事合格。楽しい高校生活が待っているのだろうと思っていたら、ついにここで転んでしまった。

「中学までは勉強しなくても成績が良かったのに、高校で成績がガタッと落ちてしまいました。中学までは、わりと勉強ができない友だちと一緒にいることが多かったのですが、この高校はみんな優等生タイプばかりでなじめず、友だちもできませんでした」

将来はPC関係の仕事に就きたかったため、有名大学の工学部に入らなくてはと高校2年生のときから本気で勉強に取りかかる。

しかし、そこは進学校で、クラスメイトたちは非常に勉強ができる。地理は元々得意だったが他の教科がなかなか伸びない。このままでは三流の大学にしか入れない状況だ。そこで、地理が選択科目にある私立文系ならば難関大学に入れると思って文転した。将来の仕事のための進学というより、「どれだけネームバリューのある大学に入れるか」という点に目的が変わってしまっていた。そして、残念ながら希望する大学には受からず、浪人の道を選んだ。

パッとしない大学生活、アルバイトも続かない

上京して都内にいる祖父母の家に住まわせてもらい、予備校に通う浪人生活がはじまった。今まで勉強してこなかった分を取り戻すように、勉強に励んだ。それでも結局、第1志望の大学には受からず、第2志望の大学へ。ここでも、やりたい勉強のできる学部よりもネームバリューのある学部を選択してしまったため、大学生活がつまらなかった。

「地理が好きなので文学部地理学科に行けば好きな勉強を履修できるのに、経歴としてカッコイイと思って経済学部を選びました。経済なんて興味なかったのに……。興味の幅が狭いので、入

りたいサークルもなかなかありませんでした。アニメ関係や旅行関係のサークルに顔を出してみるも、アニメは自分の知識をはるかに超えたオタクの人ばかりだったし、旅行サークルは飲み会が激しい体育会系で、自分の気質に合いませんでした」

コンビニでアルバイトをしてみても、品出しをしながらも客が来たらレジをするというマルチタスクがこなせない。5000円札を渡された際に1000円札と間違えてパニックに陥ってしまうこともあった。結果、4日で辞めた。塾講師は1年弱続けられたが、生徒に教えながらも合間を見て報告書を書くという作業が難しかった。唯一問題なくできたバイトは年賀状の仕分けだった。

「あと、『いつも眠そうにしている』とバイト先の人から注意を受けたことがあります。あくびもしょっちゅう出てしまいますし、眠りの質も浅いみたいで、1日12時間は寝ないと調子が良くならないんです」

ADHDの人は二次障害で睡眠障害を患っているケースもある。身近でも、あまりの眠さに耐えきれず病院を受診したところ、ADHDの二次障害だったという人を知っている。

ようやく就職するも仕事を覚えられず失敗続き

就活にも苦労し、内定がないまま卒業となった。そして、その年の夏にIT企業に受かり入社。その会社は障害者を積極的に採用している会社だったので「ここなら大丈夫だ」と思っていたが、入社時にはADHDだということを伝えていなかった。

しかし、業務中に眠そうにしていたことから上司に呼び出される。その際にADHDであることを伝えたところ、何も問題視はされなかったが、大学では文系の勉強しかしてこなかったため技術面でついていけず辞めてしまった。

2社目に入った会社は今でもトラウマだと語る。

「この会社もIT企業だったのですが、とにかく仕事が覚えられなくて案件を外されてしまいました。そのタイミングで『実はADHDなんです』と告白したら、入社時の契約書に『業務に差し障りのある疾病を持っていない』という項目にサインをしていたことが虚偽にあたると言われてしまいました。

『場合によっては解雇にするけど、それはかわいそうなので正社員ではなく契約社員という形にするのはどうか』と持ちかけられましたが、契約社員だと給料が下がり安定もしません。世の中はなんて理不尽なんだろうと恨みました。僕だって好きで障害を持っているわけではありません。

会社としては、リスクマネジメントの意味で合理的だというのもわかります。でも、障害者という扱いを受けて『使えないのなら仕方ない』と切り捨てられるのはやっぱり悔しいです」

3社目も今までの経験上IT業界へ。自由な社風だったが、やはり仕事が覚えられなかったり、指示された意図を誤って受け取ってしまったりすることが続いた。最初のうちは「仕方ないな」という目で見られていたが、ミスが続くにつれて次第に信頼されなくなってしまった。

「職場の人から『無愛想』、『冷たい』などと言われ、浮いてしまってコミュニケーションもうまく取れません。ここでうつ病になってしまい、半年ほど休職しました。そして、昨年の夏に復帰したのですが、やはり仕事がうまくできずにうつが再発。会社側の判断で休職という形になりました。

そして、今は無職の期間です。地元の福島に戻って家業の手伝いをする予定なので、それまでは趣味の旅行をして過ごしているところです。来週はロンドンとパリへ行く予定です」

発達障害であることは個性

今年の1月にうつで病院を受診した際、改めてADHDと診断されたマサヤさん。ADHDの薬であるストラテラを処方されたが、効果を感じられなかったのと高かったので服用をやめてしまった。しかし、自立支援制度を受ければ1割負担で済むので、現在手続きの最中だという。障害者手帳を取る予定はない。

「手帳を取るメリットを感じません。障害者雇用で働くとなると、収入も少なくて生活が苦しくなります。自分らしい生き方をしたいなら別に障害者である必要はありません。

僕は、発達障害であることは個性だと思っています。アメリカでは発達障害の個性をうまく教育化していて、例えばプログラミングが得意な人はとことんプログラミングを極めています。日本でも、そうやって本人の特性に合った教育をもう少しできればいいのにと思います。そうなれば、障害とは呼べなくなり、個性として認められると思います」

サラリーマンが向いていなかったと語るマサヤさん。これから手伝う予定の家業は父親が経営する防災設備の会社だという。従業員は現在ふたり。父親がそろそろ引退する年齢なので継がなければならない。ただ、彼は継ぎたくないと思っている。

「家業はやりたい仕事ではないですし、興味も持てない分野です。だけど僕は、ほとんどの分野をこなせる気がしません。唯一できることと言えば、文章を書いたりブログで収入を得たりすること。今も、クラウドソーシングでライティングの仕事をたまに請け負い、小銭は稼いでいますが、それで食べていくのはなかなか厳しい状態です。

でも、僕は影響力を持つ人間になりたいんです。中学生の頃くらいから、雇われるのは向いていないから起業したいとは思っていました。思っていただけですけど……。また、小さい頃からカリスマのような人に憧れています。例えばホリエモンみたいな。

自分で言うのも何ですが、交流会などに行くと『人を惹き付けるパワーがあるね』とよく言われます。だから、発達障害当事者として文化人枠で活躍できるようになりたいです。地理に詳しいので、クイズ番組に出られるようになれたらいいですね」

会社員として働くことが難しく、これから手伝う予定の家業にも不安を抱いているマサヤさん。しかし、興味がある分野には没頭できる特性から、何かもっと彼が活躍できる場があるのではないかと感じた。マサヤさんが語るように、アメリカでは得意なジャンルだけを極めることを推奨している企業もある。日本でも発達障害を抱える人に配慮する企業も出てきているが、ごく少数だ。また、２０１６年には発達障害者支援法の一部が改正され、雇用主に当事者の特性に応じた適正な雇用を行うよう国は呼びかけているが、まだまだ認知されていないのが現状だ。

後日談

現在マサヤさんは、家業で作業現場の仕事も任されるようになり、順調にいっているとのこと。また、取材後に考えが変わったという。「ホリエモンのようなカリスマ性のある人になりたい」、「文化人枠でクイズ番組に出たい」などと語ったことに対しては「自己中心的で誇大妄想を語ってしまったと反省しています」とのことだった。今は、家族からの信頼を得るために資格の勉強に専念している。取材時には服用していなかったが、今は地元の病院を受診してADHDの薬であるストラテラを服用中。薬のおかげでだいぶ頭の中が落ち着いたという。並行してうつ病の治療も続けている。文章を書くのが好きなので、ブログで発達障害をメインテーマにした記事を発信中。「当事者として、生きづらさを抱える人の希望となりたいです」と語っていた。

10

吃音症も発達障害のひとつ

東北地方在住で、ASDと重度の吃音症のあるミツルさん（27歳・仮名・公務員）。厚生労働省・文部科学省両省は、吃音症も発達障害のひとつに位置づけている。吃音症とは言葉につまってしまったり、スムーズに発話ができなかったり、言葉そのものを発せられなかったりする症状だ。

「天然」と言われたことも

ミツルさんは吃音症《きつおんしょう》でうまく話せないとのことで、事前にびっしりと書いていただいたヒアリングシートをもらっていた。そのヒアリングシートを基に、どうしても言葉が出てこないときは筆談を交えての取材となった。

小学生の頃はとにかく忘れ物と不注意が多い子どもだった。消化器系の持病があったため、給食ではなく弁当を持参していたそうだが、週に1度は弁当箱を学校に忘れ、夜の学校に取りに行っていた。宿題もやったのに持っていくのを忘れるパターンが多かった。勉強もケアレスミスや計算ミスが多く、今の仕事でも単純な事務処理でミスをすることが多い。

「子どもの頃は『変わっている』と言われることが多かったです。集団で遊ぶよりもひとりで遊んだり行動したりすることが好きで、『天然』と言われることもありました。自分では変わっているという意識はなかったのですが、そう言われることは特に気にしてはいません」

これらのエピソードからはASDだけでなくADHDの傾向も強いように思われるが、診断する医師によって見解が違う場合もある。

高校生活は地獄　いじめを乗り越えて国立大学に進学

発達障害の特性による困りごとが顕著に表れるようになったのは高校（進学校）のときだった。衝動性と不注意で勉強に集中できない。また、地方には予備校が少ないため、進学校では朝から晩までみっちりと学校側が受験の指導を行う。

筆者も地方の進学校だったため、高校の頃は朝7時半から夜19時頃まで学校で大学受験対策の課外授業。土日も模試で一日中学校に閉じ込められ、学校に行かない日は月に1回あるかないかだった。ミツルさんもそのような状態で受験勉強に励み、拘束時間が長いことが苦痛で仕方なかった。

またこの頃、クラスメイトから「気持ち悪い」などと言われて陰湿ないじめを受け、学校が地獄だった。しかし、母子家庭でもあり、母親を悲しませたくないと我慢して通った。「今思うと、定時制の高校に行って高校生活を楽しみたかった」と、ミツルさん。

「自動車の開発や研究に携わりたかったので、大学は国立大学の工学部に進学しました。経済的余裕がなかったので、授業料免除の制度を利用し、半免を受けていたこともあります。母子家庭でも大学に通えたので、大学側には今でも感謝しています。しかし就職に関しては、自分の健康問題や東日本大震災が起こった影響もあり、行政の道に進むことにしました」

現在は公務員として役所に勤務しているミツルさん。業務の上でいちばん困るのが電話だ。何しろ、吃音症でなかなか言葉が出てこない。

「電話相手から『大丈夫ですか!?』と心配されたり、ひどいときは『何と言っているのかわからない。ほかの人に代わってください』と言われます。電話が終わった後は背中にびっしょり汗をかいていたり、息切れを起こしていることもあります。仕事にならないので、電話に関しては人事部に配慮してもらって、できるだけほかの人に出てもらうように職場内で協力してもらっていますが、協力してくれない人もいます。

プライベートで電話をかける必要がある際は、イタズラ電話と勘違いされることもあります。先日は、どうしても某ネットバンキングに連絡を取らなければならない用事があって憂鬱になっていたのですが、チャットサービスがあり大変助かりました」

ADHDの特性で、基本的に落ち着きがない。仕事中、どうしても衝動的に動きたくなったら、慌ててトイレに駆け込んでいったん気持ちを落ち着かせてからデスクに戻るようにしている。

電話以外でも、吃音症により日常生活全般で困っている。たとえば、飲食店でまともに注文ができないので、メニューを指差して注文することが多い。実際、インタビューを行ったカフェでも、ミツルさんはメニューを指差してドリンクを注文していた。

一時期、マクドナルドがレジ前のメニュー表を外したことがあったが、その時期はマクドナルドから足が遠のいてしまったという。また、どうしても声を出さなければならない際はスマホに文字を打って見せたり、郵便局には筆談用の小さなホワイトボードがあるので、それを活用したりしている。

吃音症は幼少期から青年期にかけて発症するパターンが多いが、まれに大人になってから発症することもあるそうだ。ミツルさんは後者のタイプで、社会人3年目のときに発症した。吃音症はまだ原因や治療法が明らかになっていない部分が多く、最近になって厚労省が本格的に調査しはじめたところだ。

「声が出にくいなと感じたのが発症に気づいたきっかけです。当時の仕事が完全にオーバースペックだったので、かなりストレスを感じてうつになってしまい、精神科に通院しはじめた頃です。それまでは登山やスキーといったアウトドアが好きだったのですが、休みの日は引きこもるようになりました。そして、声が出にくいことを意識しはじめたら本当に声が出なくなりました」

吃音症により友人も失った。同期で仲良くしていた友人が数人いたが、その中のひとりがミツルさんの吃音症をバカにしてきたのだ。それ以来彼らとは絶縁している。

「ネット上で吃音症当事者とつながり、何度か当事者の会にも参加しました。そこでは、吃音が原因となって学校でいじめを受けたり、中退したり、この空前の売り手市場の就職活動で1社も受からなかったりと、さんざんな目に遭っている人がいることを知りました。吃音は発達障害のひとつと国が位置づけていて、精神障害者保健福祉手帳を取得できる障害です。当事者の苦しみを知っているからこそ、吃音を笑うという行為がどうしても許せませんでした」

仕事の内容によっては驚異的な能力を発揮することも

吃音症についてはまだまだ世間の理解度は低い。しかし、ADHDやASDについての認知度は上がってきている。それでも、発達障害に関し偏見や誤った知識も飛び交っている。そんな状況をミツルさんはこう語る。

「偏見は仕方がないと思います。発達障害がメディアに取り上げられることも増え、知名度は上がりましたが、知らない人もまだ多いはずです。より多くの人に知っていただき、理解がある人を増やしていけたらと思います。否定的な人たちには、たまたまあなたの子どもが『正常』なだけで、もし自分自身や親しい人が発達障害だったらどう思いますか？　と聞いてみたいですね」

「これは余談になりますが」とミツルさんは続ける。時折、発達障害当事者で芸術やIT、科学などで驚異的な能力を発揮する人がいる。スティーブ・ジョブズやトーマス・エジソンなども発達障害であったと言われている。

実はミツルさんは、全人口のうち上位2％しかいない高IQ（知能指数）を持つ人の団体、JAPAN MENSAの会員だ。IQは知能検査の結果の表示法のうちのひとつで、ミツルさんのIQはなんと130台後半。一般的に東大生のIQの平均が120と言われているので、彼はかなりの高IQ、いわゆる天才ということになる。

「Facebook上でJAPAN MENSAの会員と接していると、ここの方々は、（可能性も含め）発達障害のある率が、世間より多いように感じます。これは私見の域を出ませんが、会社などで無能と思われている人でも、別の仕事をさせたり、仕事場を変えたりすることにより、信じられないような能力を発揮する場合があるのではないかと考えています。米シリコンバレーでは、発達障害者を積極的に採用している世界的なIT企業が少なからずあることが、その可能性を裏付けるものとなっていますね」

そのため、日本企業の人事部局には、グレーゾーンの人も含め、発達障害で能力が発揮できていない方の積極的な配置転換を検討してほしいと思います。実際のところ、私の場合も教室でぎゅうぎゅう詰めになって挑んだ大学受験では、望みどおりの結果にはなりませんでしたが、自由に勉強できた公務員試験に関しては、全国模試で1ケタ順位を複数回とりましたし、本番も筆記に限ってはほぼ全勝でした。高校生活がもっと自由で気楽なものだったら、今見ている景色は違ったのかもしれません」

自由にしゃべれないのがいちばんきつい

高IQのミツルさんでも今の日本の社会は生きづらい。吃音症にASD、もしくはADHDらしき特性が加わるとさらにつらい。

「自由にしゃべれないのがいちばんきついので、普通の生活をするのがしんどいです。今の事務仕事が向いていないので、仕事を辞めて自分のペースで生きていくか向いている職業に就きたいのですが、現実は厳しいですね。本音を言うと、たまに死にたくなることもあります」

ミツルさんは吃音症の生きづらさを軽減できるよう、社会への啓発や当事者同士だからこそ悩みを共有し合える場の提供を行っている団体に、積極的に協力したいと考えている。「仕事柄、行政の内部事情はある程度わかっていますので、行政の橋渡しという点では幾分お役に立てるのではないか」と、ミツルさん。2018年7月に広島で開催される、吃音症の世界的なシンポジウムにも参加する予定だ。

この日、東北の自宅から深夜バスで首都圏まで来ていたミツルさん。てっきり新幹線を使っていると思っていたので驚いて「長時間のバス移動ってきつくないですか!?」と聞くと、ニコッと笑いながら「ケチなので」と紙にサラッと書いてくれた。

ASD×ADHDの傾向×吃音症という三重苦を抱えるミツルさんの「普通の生活をするのがしんどい」という言葉が、いつまでも頭に残っている。これまでの取材では、ASDやADHD、そしてそれらが原因に起こる鬱や自律神経失調症などの二次障害を多く取り上げてきたが、吃音症も発達障害のひとつであると、もっと認知されればと思う。

11

書類仕事ができなかったが、薬を飲んだら改善

宮城県在住、ADHDを抱えるタカユキさん（30歳・仮名・介護福祉士）。首都圏と地方とでは発達障害の認知度についても差がある。宮城県内では大人の発達障害を診てくれる病院が少なく、やっとのことで受診できる病院を見つけたという。

みんなはできているのになぜ自分は仕事ができないのか

タカユキさんは子どもの頃、忘れ物が多かったり、話をまとめるのが苦手で友だちからは「何と言っているのかわからない」と言われたりすることもあった。しかし、本格的に困りはじめたのは介護福祉士として就職してからだった。

「身体介護は特に問題ないのですが、書類仕事がとにかく苦手なんです。行事の起案や研修の報告書などの提出期限を守れなかったり、提出できたとしても記入漏れや誤字脱字などのミスが多かったり……。早めに出そうと頑張るのですが、どうしても遅れてしまいます。パソコンや机に向かってもほかのことが頭に浮かんだり、雑音が気になったりして作業が進みません。専門学校時代も、実習の日誌を集中して書けなかったので、提出が遅れることが多かったです」

専門学校卒業後、現在の職場に就職したタカユキさん。介護の現場は離職率が高いと言われるが、幸い彼の職場は職場環境が整っており、離職率が低いという。また、発達障害の人は何度も転職を重ねるケースも多いが、タカユキさんは21歳のときから今の職場にずっと勤めている。しかし、勤務年数とともに任せられる仕事が増え、新人指導なども課せられるようになった。

「上司からは『もっと頑張って成長してほしい』と期待の意味で仕事を振られることが増えてきました。それが僕にとってはプレッシャーとなり、キャパオーバーになってしまいました。もともと仕事をこなすのが遅いほうですし、仕事が終わったと思ってもミスがあって訂正されて戻ってきてしまう。

それで、どんどん残業が増えていき、吐き気やめまい、過呼吸など、うつの症状が出てきました。それらの症状が気になってはいたのですが、それよりも『みんなは仕事ができているのに、なぜ自分だけできないのだろう。なぜ自分は休日出勤しているのだろう』と悩むようになりました」

臨月の妻に発達障害の可能性を伝えるか悩んだ

仕事の量だけが増えていき、毎日残業の日々。「自分は要領が悪いからだ」と思いながら頑張っていたが、精神的にも肉体的にも限界を感じはじめていた。仕事ができないことに悩んだ末、ふと以前ネットで見かけた発達障害の記事を思い出した。そのときは「自分も当てはまる点があるなぁ」と思ったものの、たいして気にしてはいなかった。

ここまで悩んでいて、もし自分が発達障害が原因で仕事ができないとわかるのなら、少しは楽になるのではないかと病院への受診を検討するようになった。ただ、受診をためらう理由のひとつに妻の存在があった。

「妻とは2011年に結婚しました。精神科を受診しようか悩んでいた昨年11月は2歳半の息子がいて、その月に第2子の出産を控えていました。出産間近のナイーブな時期に、『発達障害の可能性があるので病院を受診したい』と伝えることに抵抗がありました。妻を心配させたくなかったし、もともと人に相談せず溜め込むタイプなんです。そこで、里帰り中だった妻のもとへ出向き、タイミングが合えば話そうと決めました」

妻の実家に行った際、事態は思わぬ方向へ動く。残業が多くなって気分の落ち込みのあるタカユキさんに、妻のほうから「元気がないけど何かあったの?」と聞いてきたのだ。そして、発達障害の可能性があること、病院を受診したいことを告白した。精神科に通うとなると世間からの偏見もあるため、不安もあった。妻は発達障害についてよく知らなかったので、現在困っている事柄について話した。すると「実際に当てはまることはあるかもしれないけど、一緒に生活していて不便とかおかしいと思ったことはないし、気にすることはないんじゃない？」と言われた。

しかし、タカユキさんが困っているのは家庭での自分ではなく職場での自分だ。自分の仕事のできなさを話すと、「それだったら受診してみたら？」と、妻に言われて受診を決意した。

「最初に受診した病院の医師は発達障害にあまり詳しくないようで、『性格なのではないか』、『仕事が忙しいだけなのではないか』と言われてしまいました。でも、発達障害に詳しい精神科を受診したら、ＡＤＨＤとその二次障害のうつだと診断されました。まずはうつの治療をして、それからＡＤＨＤの薬を処方してもらうことにしました」

うつがある程度良くなってからはＡＤＨＤの薬であるストラテラを処方された。最初は食欲不振や眠気などの副作用に悩まされたが、2〜3週間飲み続けたところ、今まではできなかった書類仕事が、うそのようにこなせるようになった。

つねに頭の中にあった雑音や考え事がなくなり、「無」が増えてクリアになった。今まで悩んでいたのは発達障害が原因だったことがわかり、割り切れるようになったため生きづらさも軽減した。ところが、職場では発達障害が完全に理解を得ているとは言えない。

「以前、上司に『発達障害かもしれない』と相談したときは『ほかにも仕事ができない人はいるし、障害のせいにするのもなぁ……』と言われました。職場に産業医のカウンセラーの方も来ているのですが、ある日偶然上司とカウンセラーが発達障害の話をしていて、そのときも『仕事ができないのを発達障害のせいにする人も多い』と言っていました。ただ、きちんと診断が下りてからは仕事の量や負担は軽くしてくれました」

発達障害は遺伝の可能性がある。タカユキさんの子どもたちに影響はないのだろうか。

「上の子は3歳、下の子は3か月でまだ小さいので何とも言えないのですが、僕も遺伝の可能性はネットの記事を読んで知っていました。それを妻に伝えると、『遺伝したならしょうがない。うまく付き合っていけるようサポートしないとね』という結論にいたりました。もし、特性で困ることが出てきたら病院で診てもらえばいいし、あまり深く悩まないほうがいいのかなと思います」

当事者になってはじめてわかる

タカユキさんは今後の目標も含めてこう続ける。

「自分もそうでしたが、実際に当事者になってみないとわからない部分は多いです。それこそうつ病も、自分が発症するまでは『うつって大変そうだな』とか『職場にうつの人がいたら仕事の効率が落ちてしまう』と思っていました。でも、当事者になってみてはじめてうつ病の人の気持ちが理解できました。どんなにうまく言葉にして伝えたとしても、完全に理解してもらうのは難しいと思うんです。

発達障害もそうです。今はまだうつで気分の浮き沈みが激しいので、もう少し良くなったら、発達障害当事者同士で集まるイベントや、発達障害について発信できるセミナーなどに参加したいです」

以前、少し話をした当事者の方は恋人に障害を告白することが怖かったと語っていた。タカユキさんもきっと、妻に発達障害を告白するのに多大な勇気を要したはずだ。信頼してくれているパートナーに障害であることを伝えるのは恐怖がある。タカユキさんの場合は幸いにも妻の理解を得られたが、相手に知識がなかったり偏見があったりする場合もありそうだ。

今後も、生きづらさを感じている当事者の訴えの橋渡しをしていきたい。

後日談

取材時は二次障害のうつ病と思われる症状が強かったタカユキさん。うつ病の治療には時間がかかると思ってはいたものの、なかなか改善しない。親身になって治療をしてくれる医師に悪い印象は抱いていなかったものの、セカンドオピニオンすることに。すると、抑うつ状態の強い適応障害の診断を受けた。原因は職場環境と上司との関係性だと判明。現在、うつ病の薬は減らし、ADHDの薬はストラテラを服用。だんだんと憂鬱感や食欲不振、不眠などの症状が改善に向かい、気持ちに余裕ができ、ゆっくり考えられる時間が増えてきた。上司も含めて働きやすい環境を作っていけるよう、業務マニュアルの見直しを行いたいと思っているところだ。

12

転職を繰り返し、同境遇の子に寄り添う道を選ぶ

関東在住で、ADHDを抱えるアスミさん（27歳・仮名・正社員）。アスミさんは社会に出てから発達障害が判明した。何度も転職を重ねた末、現在は発達障害児放課後等デイサービス（発達障害を抱える子どもの支援施設）で勤務をしている。

子どもの頃はほぼ毎日夜尿をしていた

アスミさんは幼い頃、夜尿症に悩まされた。夜尿症とはいわゆる子どものおねしょのことだ。脳からの信号の回路の関係で、夜尿症とADHDが関係しているのではないかと、最近の研究で指摘されているのだとアスミさん。さまざまな当事者の話を聞いてきたが、夜尿症のパターンは

はじめて聞いた。

「365日ほぼ毎日夜尿でした。幼稚園の頃、お泊まり保育のときは、先生に夜中2回ほど起こしてもらっていました。小学5年生の頃に臨海学校があった際は、さすがにどうにかしなければと、泌尿器科の名医のもとで治療しました。どんな治療だったのかは覚えていないのですが、そこから少しずつ夜尿はおさまりました。

でも、中高時代も年に1度ほど、ストレスを感じたときに夜尿をしてしまっていました。トラウマになってずっと引きずっていたのだと思います。だから、家の布団には防水シートを敷いていて、それがあるだけで安心していました。友だちとどこかに泊まりに行くときは平気なのですが、家でだけ夜尿してしまっていたんです」

夜尿症のほかに、ADHDらしき特性は小さいうちはあまり目立たなかった。しかし、中学の頃、いじめに遭う。当時、学年で嫌われていた女子と一緒に過ごしていたら、ほかの生徒からの無視がはじまったのだ。また、当時流行していた学校裏サイト（その学校の生徒をネタにした内容が書き込まれるネット上の掲示板）にも、「キモい」、「死ね」といった中傷を書き込まれた。

「矛盾しているのですが、女子特有の集団行動に対するあこがれはあったんです。だから、高校は県内で1～2位を争う進学校の女子校へ行きました。でも、やはりにぎやかな女子のグループには混ざれず、静かなタイプの子たちと一緒にいて、素の自分を出せないまま3年間過ごしました」

高校はギリギリのラインで受かったため、授業に全然ついていけなかった。とにかく大学受験のプレッシャーが大きく、いじめられていたわけではないが教室に入れない日が続き、保健室や自主学習できる教室へ通うこともあった。

「気分の波があることを、当時担任の先生に話したら、『私もそううつ病だから』と言われたことを、なぜかはっきりと覚えています。その言葉がどんなタイミングでどういう意味を持って言われたのかは覚えていないのですが、そのフレーズだけが忘れられないんです」

教育系の仕事に就くもののオーバーワークに

高校卒業後は地元の大学に進学。家族との折り合いが良くなかったため、地元ではあったが、ひとり暮らしをはじめ、飲食店でアルバイトも経験した。大学ではそこまで仲の良い友だちはできなかったが、バイト先では人が変わったようにアクティブになれて、大学の友だちよりもバイト先の人と遊ぶほうが楽しかった。

教育学部だったため、幼稚園の実習に行く予定が、ちょうどその頃から精神の状態が悪くなり、実習に行けなくなってしまった。精神科へ通院するようになったが、処方された抗うつ薬や（精神）安定剤は効いている気がせず捨ててしまい、通院自体もやめてしまった。

「どうしても教育系の仕事に就きたかったので、大学4年の秋頃に開催された最終の合同企業説明会で出会った家庭教師の会社を受け、無事正社員の内定をもらいました。そのときは、衝動的な勢いがあり、教育系の仕事ならばなんでもいいという気持ちが大きかったと思います」

希望する教育系の仕事に就けたものの、そこの職場の働き方が異常だった。担当している生徒の成績をどうにかして上げ、受験に合格させねばならないというプレッシャーもあった。会社からは残業を禁じられていたが、同期のふたりが朝5時まで残業をしていたため「自分もやらなきゃ」と、一緒になって残業した。

「必死で授業の準備をしていたのですが、机の中は書類でぐちゃぐちゃ。使っているテキストはどの生徒も同じなので、一部だけコピーして持っていけばいいだけなのに、ひとりひとりの生徒分全部コピーして持っていかないと気が済まなくてコピーばかりして、それを全部机の中に突っ込んでいて……。でも、すごく信頼してくれるご家庭もあって、仕事自体は楽しかったです」

しかし、残業続きのオーバーワークが負担となり、同期と授業のロールプレイングをしている最中に軽い動悸が出てきて、またしても精神科を受診。このときは、当時の医師から双極性障害の診断がくだっていた（現在は、別の主治医）。

双極性障害は、かつて「そううつ病」と呼ばれていた精神疾患だ。気分が爽快で活動的になる「そう状態」と、逆に気分がゆううつで活動も少なくなる「うつ状態」がある病気であるが、ADHDと双極性障害は、医師でもその差の判断が難しいと言われているほど、似た症状を持つ。

仕事を辞めざるをえない状況となり、1年で退職した。しばらくは求職活動をしていたが、3社面接を受けて3社とも落ちた。

衝動的におカネを使う、衝動的に髪を切って後悔する

「そこから吹っ切れて衝動性が発動しました。今でこそ笑い話にできるネタですが、無職の期間、毎日1万円ずつ下ろして外出し、1日で1万円を使い果たすという日々を送りはじめたんです。買ったもののほとんどは、必要がないものや、欲しいものではなかったので、今手元に残っているものは、ほんのわずかです。当時は、無駄遣いをしているという自覚がまったくありませんでした。

また、これは今も使っているので結果オーライではあるのですが、ペアになっているCOACHの財布とキーケースを衝動的に買ったんです。具体的な金額は覚えていませんが、おそらく4万〜5万円は払ったと思います。私自身はブランド物にあまり興味はないはずなんですけど……。そうやって毎日おカネを使っていたら、会社員時代に月5万円ずつ貯めていた貯金が気づいたらほぼなくなってしまいました。でも、完全におカネがなくなって、人におカネを借りるところまではいかなかったのはよかったと思っています」

以前取材した、ＡＤＨＤの衝動性により買い物依存症に陥ったミチコさんと同じケースなのだろうかと思って聞いてみたところ、「衝動と『もういいや！』という気持ちからです」とのことだった。また、これも衝動性と一種の自傷行為に当たると思うとアスミさんが語ったのは、髪を短く切ってしまうことだ。

「自らハサミで髪を切ってしまい、切った後は後悔します。一時期はメンズのベリーショートくらいまで短くなってしまいました。そうやって髪を切るときの原因は母親とのトラブルです。今は、髪を切ることはなくなりました。また、物にあたってしまうこともありました。物にあたることは、今でもときどきあります（苦笑）」

この日、アスミさんはショートカットだったため、もしかしてこの髪型も自分で切ったのだろうかと思い尋ねてみると、これは数日前に美容室で切ってもらった髪型だと知り、少し安心した。

入院中に両親に会った際、母親との軋轢にも悩む

家庭教師の会社を退職してからは、バイトやパートで食いつなぎながら、リワークのデイケアに通った。リワークとは、精神疾患による休職者を対象に復職に向けた支援だ。その後、母校の学童で働きはじめたが、パワハラや職場の人間関係に悩み退職。

その次はアパレル店員として働いた。しかし、辞める社員の送別会に、以前この会社で働いていたという社員がやってきたことで、自分がいなかった頃の話で盛り上がり、急な環境の変化に適応できずに、送別会の間ずっと隅っこにいた。そして、帰宅後にパニックに陥り、さらに家庭環境の悪さがそこに乗っかり、精神的に追い詰められてしまった。この職場も4か月で辞めた。

「アパレル店を辞めた頃、休養入院をしました。入院中、一度外出して両親に会った際、母親と接するのが苦痛で『やっぱり外の世界なんか無理だ！』と思い、少し入院を延ばしてもらいました。この入院期間は、看護師さんから学ぶことがすごく多く、今でもその内容を鮮明に覚えています。

入院中は一時的に主治医が変わるのですが、私はもともとの主治医しか信頼していませんでした。その頃、ADHDの薬であるストラテラを飲んでいて、入院中の主治医から『合ってないみたいだから、ストラテラやめようか？』と言われても応じませんでした。でも、退院後にもともとの主治医から『ストラテラをやめようよ』と言われた際は、素直に『はい、わかりました』と応じました（笑）。すると、精神の不調が治まったんです。本当に薬が合ってなかったんだと思います」

退院後は、復職に向けて就労継続支援B型事業所に通いはじめた。これは、障害者を対象にした就労支援で、A型とB型がある。A型は雇用契約を結んで給与が払われる。一方、B型は雇用契約を結ばずに、労働に対して1日数百円程度の賃金が支払われる制度だ。就労継続支援B型事業所は、まだ一般的な仕事を行うことが困難な人が通う場所であり、アスミさんはB型事業所に通った。そこに通いながら、養成講座を受けると、ピアサポーターの認定が取れる。アスミさんはその資格を取ろうと思っていた。

しかし、B型事業所での仕事がラベル貼りなどの単調な仕事で続かず、ピアサポーターの資格を取る前に突発的に辞めてしまった。アスミさんは単純作業よりも人とかかわる仕事がしたかった。就労継続支援B型を辞めた後は、ドラッグストアの障害者雇用枠で働きはじめた。

「そのドラッグストアでは、ADHDの特性のため私が苦手なことをスタッフに箇条書きで伝えてもらっていました。でも、そこの店長の対応が少し差別的だったんです。店長は『私はほかの従業員と同じように接していますよ』と、本部の人や従業員に言っていましたが、明らかに対応が違いました」

発達障害の子ども向け施設へ転職

このドラッグストアを辞めたくて仕方なかった頃、月に1回面談をしてもらっているワーカーさんから、発達障害のシンポジウムが開催されることを教えてもらい、それに参加した。現在は、このシンポジウムを主催していた放課後等デイサービスで正社員として働いている。ここは、発達障害のある子どもが学校の後や長期休暇中に通い、療育支援をする施設だ。

「今までは短いと4～5か月しか続かなかった仕事が、ここではもう1年も続いています。私、子どもたちから『先生ってさ、おっちょこちょいだよね』って言われてしまうことがあります（笑）。子どもを見送るとき、ちゃんと送ったことを報告するために携帯を持ち歩かないといけないのですが、私はその携帯をすぐに忘れてしまいます。ある日、子どものほうから『先生、携帯持った？』と聞かれて『持ったよ！』と言ってカバンの中を見たら携帯が入っていなかったんです。『ほら、やっぱり！』って子どもから悪気なく言われました（笑）。

あと、私の特性でもあるのですが、数字にこだわりがあります。人の誕生日や車のナンバーはすぐに覚えられます。デイサービスの子どもにも数字にこだわりのある子がいます。施設に何台かある送迎車で『今日はどの車？』と聞かれた際、ナンバーを言うだけでどの車なのかがわかります。私と子どもとで会話が成立するのもおもしろいですね」

アスミさんは終始穏やかにニコニコと話していたが、何度も転職を繰り返し、時には衝動的な行動やパニックを起こし、それを乗り越えてきた今だから、こうやって笑いながら話せるのだろう。また、彼女の場合は母親との関係性を主とした家庭環境も大いに影響していたように感じられた。「生きづらさ」という大きな枠でとらえると、発達障害に限らず、みんなどこかに傷を負って生きているのかもしれない。

13

当事者座談会

「普通」じゃないからこそ上にいける可能性もある

2018年2月に「発達障害BAR The BRATs」を東京・高田馬場（取材時・現在は渋谷・表参道で営業中）にオープンしたマスターの光武克さん（33歳）と吉田正弘さん（25歳）、スタッフの山村光さん（仮名・24歳）による座談会を実施。このバーは、〝生きづらさを抱えた大人たちがふらっと立ち寄れる場所〟がコンセプトとなっている。マスターの光武さんをはじめ、スタッフの多くが発達障害当事者であるBAR The BRATs。当事者として、また多くの当事者とかかわっている3人は発達障害に関してどんな考えを持っているのか、語ってもらった。

生産性のある話や言いにくい話題を出せなかった

——私も以前、ＢＡＲ Ｔｈｅ ＢＲＡＴｓにお邪魔させていただいたことがあります。バーを開いたきっかけを改めて教えてください。

光武克（以下、光武） 僕の思いつきと言ったら身も蓋もありませんが、そもそも発達障害をテーマにした常設のバーが都内になかったんです。僕自身、ADHDとASDを併存している当事者なので、昔は自助会に参加したこともありました。でも、僕には自助会が合わなかったんです。二度参加し、僕が参加した時だけかもしれませんが、仕事を辞めてしまっている人が異常に多かったんですね。「離職してしまってどうしようもなくなっている」といった愚痴のような話が多いように思えたんです。僕は実際に働いている人と、「働いているなかでどんなことでつまずいたか」といった、もう少し生産性のある会話がしたいなと思ったのが、バーをオープンしたきっかけです。自助会が合わないと感じた人や、発達障害に限らず生きづらさを感じている人が気軽に集えたらいいなと。

――みなさん、バーではどんなお話をされているんですか？

光武　飲んだ薬の効果とか。

一同　（笑）

光武　また、グレーゾーンの方や、病院を受診したことはないけど「発達障害かもしれない」と思っている人も多くいらっしゃいます。だから「これからどこの病院に行こうか」とか「良い先生知らない？」といった会話も生まれていますね。

口に出しづらい二次障害は言いにくい雰囲気だった

――自助会ではそのような話は生まれなかったのですか？

光武　多分、そういう話も出ることはあるのでしょうけど、結局サイレントマジョリティというか、一部の人が「自分はこんなにつらかったんだ」と語ると、その人の声が大きくなってしまう。だから、生産性のある会話を求めて参加してもなかなか言えない人も出てきます。また、これは実際にお店にいらしたお客さんが言っていたのですが、「自助会で発達障害については話せるけど、そこから併存した口に出しづらい二次障害、たとえばうつ病はまだ言えるけど、性依存などは言いにくい雰囲気」とのことでした。

――たしかに、お酒が入ると少しリラックスして、言える雰囲気になるかもしれません。

光武　バーだとふわっとした気持ちになれるというのが大きいですよね。だから、仕事帰りにふらっと立ち寄れるくらいのライトさが欲しいと思っていました。そう思ったときにパッと思いついたのがバーだったんです。それで、ネット検索をしてもほとんどヒットしなかったので「これをやったら日本初なのでは？」と思って吉田に声をかけました。

――吉田さんは「発達障害グレーゾーンなのではないか」とおっしゃっていましたよね。

吉田 正弘（以下、吉田）　そうですね。病院にかかったことはありませんが「そうなんじゃなかろうか」といったところです。

光武　おそらく病院へ行けば何らかの診断が下るのではないかという。でも、そういう人けっこういますよ。一緒に経営に入ってくれている人もADHDの診断チェックリストに全部当てはまっていますが、一度も病院を受診したことはないと言っています。

——病院を受診する・しないの基準は何でしょう？

光武　困っているか、困っていないか。これに尽きますね。

吉田　僕の場合は理解のある環境に恵まれていて、そこまで困ることはありませんでした。

山村光（以下、山村）　あと、「慣れ」もあるのではないでしょうか。精神科に行くことに抵抗がある人は、一定数いると思うんです。だから、何かの理由で精神科に慣れている人は受診しやすいのかと。

自ら社会と隔離してしまっている面がある

——山村さんはADHDとASDを併存してらっしゃるとのことですが、なぜ、バーのスタッフになったのですか？

山村　発達障害についてネットで調べていたら、たまたま発達障害BARのTwitterアカウントを見つけて、ホームページを見てみたら「スタッフ募集中」とあったので応募しました。お酒はまったく詳しくないのですが、単純にバーへの憧れがあったんです。また、当時失業中で「バイト先どうしよう？　でも何か自分の興味があることをやってみたい」と思っていたとき、その両方を満たすのがこのバーだったんです。

——発達障害の人は、社会のなかでマイノリティという位置になりますよね。それはどう捉えていらっしゃいますか？

山村　自分は単純に、世の中はマジョリティとマイノリティに分けるしかないと思うので。生の反対は死と同じで、それ以外はないじゃないですか。半分生きて半分死ぬのはありません。そういう意味ではマイノリティはあって当たり前だと思います。

光武　僕は少し考えが違っていて、「そもそもマジョリティはあるのか？」という疑問がずっとあります。多分、「私たちはマイノリティだ」と名乗っている人も全員が全員マイノリティというわけではなく、マジョリティらしい意識を持っている人も当然存在しています。自分がマジョリティに属していると思っている人のなかにも、自分が「そこは受け入れられないだろう」と思って隠しているところがあると思います。だから、「社会ってこういうものだよね」という常識はあってないようなものだと思います。ある程度の共通性があるかもしれないけど、100人が100人同じものを共有しているかというと、必ずしもそうではない。だから、どこをマジョリティと呼ぶのかという疑問が生まれるので、僕は「これがマジョリティだ」という区分は作れないと思っています。

ただし、社会常識や社会の秩序機能に照らし合わせて見たとき、たまたま外れたほうにカテゴライズされる層はどうしても出てきます。今の社会ではそういう一面が少しでも見つかるとマイノリティという烙印を押されてしまいます。つまり、一個でも合わない側面があると「はい、あなたはマイノリティですね」と言われてしまうし、逆に自分でも言ってしまう。当事者の人にはたまに怒られることもありますが、僕は「発達障害の自分はマイノリティだ」という意識がすごく苦手です。「私はマイノリティだから」と、自らを社会から隔離してしまっているような。そういう側面が、このマイノリティという概念をブラックボックス化しているように感じるからです。マイノリティに見られるように自らパフォーマティブに振る舞うことで、二重の共犯関係が生まれているのではないでしょうか。

補聴器をつけていることで求職活動中不利に

――山村さんは発達障害に加え、性別はXジェンダー（男性でも女性でもない性）、聴力も若干弱いため、前回バーでお会いした際は補聴器をつけられていましたよね。大多数の人と違う点がいくつかあるように思います。

山村　今日は会議室で隔離された空間なので必要ないと思い、補聴器はつけていませんが、聴力は20代の平均よりも少し低く、40～50代の平均と同じです。そして、人の声以外の〝ノイズ〟と呼ばれる音に関しては、なんと80代の平均と同じです。だけど、聴覚障害かと言うと、健康に聴こえる健聴範囲内なので、医学的には「異常なし」になります。

補聴器を買って使っているのですが、これは「メガネと同じだな」と思います。近視の人は視界がボヤけるからメガネをかけて視力を矯正する。自分は音を聞き取りづらいから補聴器をつけて矯正する。

以前、求職活動中に「補聴器をつけているから採用できない」と、断られたことがありました。「補聴器をつけているから仕事ができない」と言う方には「じゃあ、近視の人はメガネやコンタクトレンズを外して仕事をするんですか?」と聞きたいです。身近に補聴器をつけている人って、一般的には高齢者か障害者手帳を持っている聴覚障害者くらいです。見慣れないものって人は怖いんです。今、メガネはこれだけ普及して、ファッションの一部にもなっています。でも、補聴器は見慣れないものなので、異常なものとみなしてしまう。

吉田　カッコいい補聴器を作ったらいいのかも。『ドラゴンボール』に出てくる戦闘力を測る、「スカウター」みたいな補聴器（笑）。山村さんは補聴器が目立たないように黒にしたの?

山村　いや、単純にカラーバリエーションの中でいちばん黒がカッコよかったからです。今、新たなものを注文していて、来週受け取るものは緑のイヤモールドです。

光武　ファッション性に優れたカッコいい補聴器、いいかもね。

自己肯定感があれば間違った方向へ走りにくい

——吉田さんは環境に恵まれていたため病院を受診したことがないとおっしゃっていましたよね。どういう点から自分は発達障害のグレーゾーンなのではないかと思ったのですか？

吉田　ある日、発達障害の症例集の本を読んでいたら、「僕のことじゃん」と思う例がたくさんあって。僕、文字や物体に対するこだわりが強く、幼稚園の頃から漢字が読めました。親からは「あら、すごいね」と軽い感じで褒められて、それでうれしくてどんどん漢字を覚えました。だから、特別な勉強をしなくても中2のときに漢検2級を取れました。あと、ごっこ遊びが苦手でひとりでダンボールや台紙などを切っておもちゃを作るのが好きでした。

——そのような特性に対し、ご家族は「この子は他の子とちょっと違っておかしい」と思われなかったのでしょうか？

吉田　それが、恵まれていたと言える部分で、両親が共働きで忙しかったため、幼稚園の頃は実家の近所の祖父母の家に預けられていたんです。これも読んだ本に書いてあったのですが、発達障害を持っている人は極端に子どもか極端に高齢者と一緒にいると受け入れられやすいそうです。少しドジだったりしても、おじいちゃん・おばあちゃんからすると「可愛い」で済むじゃないですか。

そして、子どもと同じコミュニティにいると同じレベルなのであまり違和感を感じない。発達障害の特性から問題行動を起こしてしまう人もいますが、小学校に入るまでの時期をそういう環境で過ごせたのはある種よかったのかもしれません。環境が自分の特性を受け入れてくれれば、極端な問題行動に走りにくいです。自己肯定感が保たれている部分があるので、「どうしてわかってくれないんだ」と、間違った方向へ走るのを防げる。

——光武さんはどうでしたか？

光武　就学前はそこまで問題ありませんでしたが、学校に入ってから苦労しました。衝動性の塊みたいな子どもだったので、何かが気になってしまうと授業中でも図書室に行っちゃう（笑）。特に僕の地元は田舎なので、異質なものという目線は感じていました。

——でも、大学に入るといろいろな人がいますよね。

光武　歪んだ状態で大学に行ってしまったので浮いていました。吉田君は中2のときに漢検2級でしょ？　僕はね、中学生のときにマルクスの関連書籍を読みはじめてマルキシズムに走ってしまったの。経済学。

——周りからすると、ちょっと中二病のように見えますよね（笑）。

光武　完全に中二病です（笑）。僕、「この愚民たちを革命で導くために生きているんだ」と本気で思っていましたもん。だから、よく先生に呼び出されていました。税に関するパンフレットを渡されて「国民の義務として税を払うこと」についての作文の宿題が出たときも「これを中学生に読ませ、かつ、宿題にするということについて。税を払うことを国民の義務としてわれわれに学生の頃から洗脳するのは、無批判に税を払う人間を再生産するための文部科学省の装置である」みたいなことを大真面目に書いて怒られました（笑）。

他にも、「なぜ校則で、女子は髪の毛を結ぶゴムの色は黒か茶でないといけないのか。そうしたルールがルールとして存在するための根拠を指し示してください」と反発したこともあります。そのまま大人になってしまったので、それは白い目で見られますよね。唯一逃れる手段は国外逃亡しかないと思って、留学しました。

――空気を読むという文化のない海外のほうが生きやすかった？

光武　と思ったら、海外でもダメなものはダメだった（笑）。絶望して帰国しました。今思うと、国の選択ミスだったのかも。イギリスに行ったのですが、アメリカだったらよかったのかもしれません。

吉田　国によってもいろいろですからね。

勉強さえできていればいい学生時代は、ある意味で楽

――今はこうやって笑い話として話せていますが、光武さんはいつから笑いに昇華できるようになったのですか？

光武　20代後半ですね。それまでは本当にトゲトゲしていました。

――光武さんは現在、昼はフリーの予備校講師で、夜はバーに立ってらっしゃいますが、それまではどこかに所属して仕事をされていたんですか？

光武　大学4年のときに普通に就活をして一応外資の企業に受かったのですが、働くということが想像できなくて、そのまま引きこもってしまいました。でも、「これじゃダメだ、どうしよう」と思っていたとき、塾講師として当時バイトをしていた先のエリアマネージャークラスの人から「君ならプロでやれるんじゃないか」と言われて。全国展開している塾だったので、大学4年のときにその会社の授業コンテストに出たら東京都で1位を取れたんです。

吉田　すごい！

光武　でも、東京都で1位を取ったのに全国大会に遅刻したんだよな（笑）。

吉田　ギャグですね（笑）。

光武　本当に運で生きています。

――山村さんは子どもの頃、学校になじめましたか?

山村 自分は幸いにも学校も勉強も大好きだったんです。授業に出ることが大好き。学校を休むのが嫌でした。ただ、変わった人扱いは受けていたと思います。ありがたいことに親から受け継いだ身体能力も高く、中学・高校の体力テストでは6年間A判定でした。マイナスの面よりプラスの面が目立っていたのは強いと思います。

吉田 たしかに、それで発達障害のマイナスな特性は打ち消されますよね。

光武 勉強さえできればいいというのは、ある意味すごく楽なんですよね。そうすれば多少変なところがあったとしても勉強ができるという点で認めてもらえるので。だから、社会に出てからのほうがキツいんです。

吉田 社会に出てからのことを考えると、勉強ができれば褒められる学生時代のシステムはヤバいと思います。

光武 勉強さえできればいいって、けっこうしんどいです。

山村 自慢ではないですけど、自分は公務員試験を勉強せずに3か所受けて、3か所とも一次のペーパー試験は受かっています。

吉田 それは自慢していいですよ!

山村 ただ、二次の面接で落ちました。学校のテストもペーパーだけで点数が取れるところは全部A判定です。

吉田　能力が偏っているんですね。

「圧倒的にヒューマンスキルが足りない」と言われた

――現在、山村さんは就労移行支援施設に通ってらっしゃるそうですが、そこではどんな支援をしてもらえるんですか？

山村　まだ通いはじめて間もないのですが、精神障害を患っている人が一般企業で働くために訓練を積む場所です。自分はコミュニケーション能力が低いんです。昔、働いていた職場で「君は仕事のスキルが足りないんじゃなくて、圧倒的にヒューマンスキルが足りない。そのなかで特に際立ってコミュニケーション能力に欠けている。だから、仕事を教えればきちんと結果を出せるけど、会社で働くというのはそこじゃないんだよ」と言われたんです。

何かしらの職業に就きたくてその知識をつけるために就労移行施設に通っている人が多いと思いますが、自分はコミュニケーションスキルを身につけたくて通っています。

吉田　きっとＩＴ業界向いているよ。今未経験でＳＥってすごく需要高いから。基本情報技術者試験っていう国家資格があるんですよ。僕も文系だったけど、その資格を取って今、ＳＥをやっているし、山村さんは勉強ができるからその資格は取れる。資格さえ取っちゃえば大丈夫。

山村　勉強は好きですけどね。

吉田　ＩＴ業界はずっと勉強だよ。

山村　これも自慢できることとして言ってしまうと、世の中の４大だと、通常１２４単位取れば卒業できますが、自分は2年間の短大で１１５単位取って卒業したんです。ある意味、これは発達障害の特性である過集中のおかげかなと思います。一度集中すると、トイレにも行かず飲まず食わず、気づいたら5時間勉強し続けていたということが、学生時代はよくありました。

――山村さんは短大卒業後、どんな職に就かれたのですか？

山村　最初は食品会社に2年勤務していました。でも、耳の聞こえが悪くてつまずきました。指示は聴こえるけど、聞き取りができないんです。ドイツ語なりフランス語なりを聞いているような気分になり、日本語として頭の中で捉えるまでに時間がかかるというか。耳から入った情報の処理が苦手で、聞き間違いが多かったです。今は笑い話になっているのですが「あと5分過ぎで出るから」と言われたのを「え、五寸釘どうするんですか？」って聞いてしまった（笑）。

吉田　どこかに打ち付けるのかな（笑）。

山村　だから、社会に出てからは怒られることがすごく多かったですね。発達障害の特性だと思うのですが、指示を正しく解釈できない。あいまいな指示をされると思考がストップしてしまう。「見ればわかるでしょう？」と言われても、「わからないので聞きに来ました」という感じです。それでも、周りの人はそんな自分をよく放り出さずに教育してくれたなと思います。

勤務年数を重ねるにつれ、あいまいな指示が増えてきて戸惑う

――吉田さんも昼はIT会社で働き、夜はバーに立ってらっしゃいますよね。就職した際、つまずいたことはありませんでしたか？

吉田　今まさに、つまずきつつある状態です（笑）。でもそもそも、IT自体がおそらく発達特性のある人間が作ったものなので、それを前提としたツールができているんです。プロジェクトとなると、到達までに必要な仕事を洗い出して、それをより細かくして、何時間でやるタスクというレベルで分けていきます。その上で、これを誰がいつまでにやって、やったものを誰が確認するか、というのを全部決めてから仕事がはじまります。それって、発達障害の傾向があるようなわれわれにとってすごく助かることじゃないですか。

そういう業界の特性があったおかげで今までは平気でしたし、入った会社の環境が非常によくて、1、2年目は先輩が的確な指示を出してくれていました。ただ、総合職という立ち位置なので、勤務年数を重ねるにつれ、徐々にあいまいな指示が増えてきます。もう僕がその仕事に慣れてきているだろうという前提を上司は持っているので。

たとえば上司はAに連なるA1、A2、A3の仕事を依頼したつもりだったのに、僕のなかで

はAそのものしか伝わっていないしわからないから「Aをやりました」と報告すると、「あれ？　他のはやってないの？」となることが徐々に増えてきました。

仕事自体は楽しいです。でも、ITとはいえ日本的な雰囲気もあって、能力の偏りがある人にもオールラウンダーを求めてくるんですよね。この人の得意なところだけやらせれば絶対に生産性が上がるのに、苦手そうなところもやらせるから、トータルで組織としてもったいないんです。会社内のムダを減らすきっかけとして、発達障害に関する勉強は続けていきたいです。

僕以外にも、指示がちゃんと理解できていない中年の総合職の方もいらっしゃいます。でも、人当たりはいいし、根本的には純粋でいい人なんだけど、空気が読めない部分がある。その人の周りにいる人に「彼はこういう特性がある」というと、だんだん雰囲気がよくなってきたりします。職場の身近な部分から、働きやすさについて広めていけたらと思います。

発達障害を免罪符にしたくない

山村　楽しく仕事ができるっていいですね。自分が就活していたときゼミの先生に「どんな仕事、条件で探したって、最終的には人間関係だからね」と言われました。自分は新卒で食品会社に勤めていたときに肺気胸を患ってしまい、もう体がもたないと思って転職したんですね。幸いにも短大卒でありながら医薬品メーカーに派遣させてもらい、仕事自体はとても楽しかったんです。でも、向こうの組織からは、仕事ができる・できないということではなく、自分にコミュニケーション能力がないことで「一緒に仕事をする仲間としてふさわしくない」という理由で契約を切られてしまいました。

発達障害がマイナスの方向に助長されてしまっているとは思いますが、どちらかと言えば自分自身の問題だなと思います。発達障害ではありますが、障害を理由にごちゃごちゃ言いたくないんです、本当に。発達障害を免罪符に「お前は自分にこうしてほしいんだろう」というふうに相手に受け取ってほしくないんです。

光武　なるほど。難しいところだよね。それには100%同意するけど、僕は発達障害をすべて職場にも公表しています。それは円滑にコミュニケーションするためなんだよね。どこでコミュニケーションの齟齬《そご》が起こりやすいか、どういうときに迷惑をかけやすいか、ということを最初から全部説明しておくために僕は公表している。でもそこって、免罪符にするのではなく「ここが自分は失敗しやすいからフォローをお願いします」という意味なんです。

――人に頼ることは大事ですよね。

光武　大事だと僕は思います。絶対ミスするので、そこのところを最初から「ここはできないです」、「そこに関してはお願いだから助けてください」、「代わりにここはできるので、ここは思っている以上の結果で返します」といった形で自己紹介することが多いですね。

山村　そこ、すごく難しいです。いまだに、人に頼るのと人に甘えるのはどこが線引きかというのに迷います。自分にとってはできないことだから頼っているつもりでも、「頼ってくれてありがとう」と言う人もいれば、「それはただの甘えだからこっちに来るな」と言う人もいる。

光武　そうはいっても僕たちには能力の偏りがある。そのため、失敗しやすいし、それはどうしようもない特性です。だから、僕が唯一やることは、相手が失敗したときに、そのことを一切責めないことです。そして、相手がミスを起こしたら、そのミスに対してどう改善すればいいかを一緒に考えるようにしています。

たとえば、うちのバーで問題が起こった場合、スタッフのミスを責めることはありません。なぜならそれは無駄だからです。責めたところでそれは処理しきれない自分の感情を慰めている行為に過ぎないため、だったらどうすればカバーできるかを一緒に考えます。そうやっていると、不思議なことに、自分がミスをしたときも許してもらえます（笑）。これが僕の生存戦略なんでしょうね。

「並」ではない自分たち

――自分の特性に合った仕事を見つけるためにはどうしたらいいと思いますか？

吉田　僕は自分と波長が合う人が何の仕事をしているかと考えて、ITにしました。大学時代に入っていた部活のOBに商社、メガバンク、IT企業に勤めている人がいたのですが、とりあえず「商社は無理だわ、この人たちについていけない、定型発達の集まりだわ」と思いました。今思うと、彼らと空気が合わない。それで、IT系の人は一緒にいて楽だなと思い、受けたら受かったので、「じゃあお願いします」みたいな。

山村　自分は就活していたとき、自分が売りにしていたことと、仕事をしていて「山村さんこれできるんだね、お願いします」と言われることが全然違ったんです。学生時代はこういう能力に長けていると思っていた部分が、社会ではまったく役に立たなくて。逆に、自分のなかでそんなに売りにしていなかったはずのことが、社会に出たら通常なら鍛えないと身につかないものだったりしました。そういうことは経験しないとわからないことです。経験してみることって大事だなと思いました。

ちょっと言葉遊びになってしまいますが、体験と経験をきちんと区分けすることは重要かなと。体験を自分のなかに組み込まないと経験にならないと思うんです。だから、体験だけを積み重ねている人は成長しないと思います。体験をいかに経験にするか、です。

光武　自分のなかに体験を入れていって、言語化していくなかで他人との共通点を見つけられる状態が経験だからね。

——今までの当事者インタビューでも聞いてきた質問なのですが、発達障害はもっと社会が受け皿を作るべきでしょうか？　それとも強すぎる個性という捉え方ですか？

山村　自分は両方の考えがありますね。社会が受け入れるべきというのはそれもそれでひとつの手だと思います。最初の話に戻っちゃいますけど、発達障害だからマイノリティとはじき出したのは社会なんです。はじき出したんだったら受け皿を作るのもそっちなんじゃないかなと。一種の攻撃的な見方ですね。

一方、強すぎる個性となると、自分は普通じゃないことに今まですごく悩んでいたんですね。でもふと思ったんです。普通って「並」じゃないですか。自分たちが普通と思っている言葉も、ごくありふれた、特に際立った特質がない様を指します。

吉田　要は凡人ですね。

山村　ちょっと言い方は悪いかもしれませんが、普通の人は並なんです。

吉田　俺らは「特盛りだぞ」と（笑）。

山村　並のなかには天才も秀才もいない。天才も秀才もそれがいい方向として社会に受け入れられたからもてはやされるのであって、それが社会にとって都合の悪い部分だけ切り取られると下に行くんです。

自分は普通じゃない、並じゃないけど、そのぶん並の人よりも上に行ける可能性がある。そう思えば並じゃないことも、そんなに悪くないなと思うんです。普通じゃないことで悩んでいましたが、普通じゃないということは、下に行く可能性もあるけど、上に行ける可能性も普通の人よりは高いんです。そしたら後は、普通よりも上にいくことを何かしら努力すればいいじゃないかって、ちょっと開き直りました。

自ら社会の受け皿を作っていくべき

光武　そうだね。僕は個性が強すぎると言われるけど、「普通」とされる方も個性はあるんですよね。そのなかに常識というものでくくられる側面があり、ちょっと受け入れられにくいような部分を認められた人が発達障害者だと僕は思っているんです。

天才とくくられた人たちは、その部分を認めてもらいつつ、認めてもらえる環境を自分で作ろうとした人だと思う。環境を変えたとか、自分がそこにピタッと当てはまるところをたまたま見つけることができて、それがたまたま天才というふうに形容されたケースもある。

でも、それが見つからなかった場合は、さっき山村さんが言ったように下の下として外れたものとしてカテゴライズされることがある。だから、僕のなかでは社会が受け皿を作るというより、もっと主体的に「自分の特性はこうだ」と示して、自分で作っていくものかなと思う。そのなかで受け入れられるためには「お互いこういう努力をしましょう」と交渉をしますし、その上で相手が望むパフォーマンス以上のものを提示すれば、リターンは確実に来ますから。そうやって自分の場所を僕は守っているつもりです。たとえば僕の場合、予備校の業務の締切は守れないし遅刻も多いけど、授業アンケートの満足度は高いぞ、と（笑）。

一同　（笑）

光武　予備校側としては頭を抱えるわけです。でも、ここはできないけどここは評価できる。だから、授業アンケートで生徒からの声が聞こえなくなるようだったら契約を切ってもらってかまいません、迷惑をかけてしまう点と、リターンできるものを考慮したうえで契約をお願いします、という形です。

吉田　メリットがあれば受け入れてもらえますから。

光武　そうです。だから僕、「Ｗｉｎ‐Ｗｉｎ」という言葉を考えた人、好きだな。絶対サイコパスだと思う（笑）。

一同　（笑）

山村　言い方によっては、自分にいいことをしてもらうために、相手にもいいことをしなさいということ。

光武　そういう発想なんです。自分のために人を利用するという発想の逆に見えるけど、実は根本が一緒なんですよね。結局、相手がここで満足をしてくれたほうが自分にとってリターンが大きいから、自分は相手にとって利になることをしてあげるという。

山村　自分自身が何かしらの受け皿をもっと広くもっていれば、社会も受け皿を広くしてくれるのではないかと思います。

定型発達の人だって生きづらい

光武　僕、よくバーで言っているのが、「この社会で定型発達だって生きづらいことを発達障害者は知っているのか?」ということ。発達障害者は「生きづらい、生きづらい」と言っているけど、定型だって生きづらいんだと。そのことを考えもしないで自分のことばっかり言ったって、受け入れてもらえるわけありません。受け皿を作ってほしいと本当に思うのなら、まず相手のことを受け入れなさい。そんなこともしないで一方的に「自分を受け入れて、受け入れて」と言うのは、かまってちゃんと一緒だぞ、と。

山村　自分は「社会がはじき出したから社会が受け皿を作るのが道理じゃないのか」と言いましたが、矛盾しているようで実は平行線だなと思っています。要は社会から攻撃されたから「自分たちはマイノリティだからもっと配慮して」という攻撃をしている状態ですよね。今、定型発達の人は「君たちは扱いづらい」、発達障害の人は「もっと配慮して」と言う、お互いにドッジボールをしているんですよね。

吉田　「Lose-Lose」ですね（笑）。

光武　そこでわれわれが立つべきポイントはガンジーです。どんなことを言われてもニコニコしているの。非暴力だから。不服従でいい。おかしいことに対しては「おかしいですよね」と言う。でも、一切相手には攻撃しない。僕はそのスタンスなので、それがスタッフの採用基準です。バーの名前である「ＢＲＡＴｓ」ってそういう意味も含めています。直訳すると「悪ガキ」ですが、それを自分たちで名乗るところに意味を見出しています。「お前たち悪ガキだろ？」と言われたとき「いや、違うよ。障害なんだよ」と言ったら攻撃なんです。だから、こちらは度量を見せて「うん、悪ガキだよ！」って言いたいです。

吉田　やっと中二病を出した（笑）。

一同　（笑）

普段の発達障害当事者インタビューとはムードが違い、和気あいあいと時おりギャグも交えながら行われた座談会。彼ら自身当事者であり、バーで多くの当事者やグレーゾーンの方と接しているため、筆者からは想像もつかない斬新な意見が次々と飛び出した。現在は高田馬場のレンタルスペースから移転。渋谷・表参道に店を構えていている。発達障害に限らず「生きづらさ」の闇に閉じ込められている人は一度足を運んでみると、少し気持ちが楽になれるかもしれない。

14

自分の意見を言えない特性から性依存に

ASDでコミュニケーションが難しいことを発端に性依存に陥った過去をもつ、神奈川県在住のリナさん（27歳・仮名・接客業）。現在は、リラクゼーション業界で働く傍ら、発達障害の人を対象に性に関する啓蒙活動を行っている。

小学生の頃は清潔感のなさからクラスで嫌われ者に

ADHDの衝動性により、性依存に陥る危険性についてはタクミさんのケースで紹介したが、ASDの特性から性依存に陥るとは、どういうことなのだろうか。

普段はカフェで話を伺うことが多いのだが、性に関する話を周りに聞かれるのは抵抗があるかもしれないと考え、当初カラオケ店での取材を提案した。しかし、「ニオイに過敏な面があり、カラオケ店だとその場で喫煙している人がいなくても、タバコの残り香で気分が悪くなってしまう。ファミレスの禁煙席だと助かります」とのことで、ファミレスで取材を行うことに。発達障害の当事者のなかには、感覚や味覚、聴覚や視覚（強い光）、そして嗅覚が定型発達の人よりも過敏な人がいることは、今までの当事者取材で知ったことだ。

小学生の頃は、歯磨きをしない、寝癖を直さないなど、清潔感のかけらもなくクラス全員から「汚い」と嫌われていたリナさん。

「清潔感にまで手が回らなかったんです。あと、シャンプーも苦痛で3日に1度くらいしかしていませんでした。親は気づいたときに、シャツのたるみを直してくれたり、髪の毛をきれいにとかしてくれたりと、フォローしてくれていましたが、逆に親がやってくれるから自分でやらなかったのだと思います」

現在の姿は特別不潔さを感じないが、それは高校の頃、水商売のきらびやかな女性モデルたちが掲載されている雑誌『小悪魔ａｇｅｈａ』が大流行し、自分とはかけ離れているａｇｅ嬢たちの生きざまに関心を持ったのがきっかけだ。そして、ａｇｅ嬢のように、派手な服や髪型で盛ることで自尊心を保っていた。社会人になってからは、盛るのではなく、本当の意味での清潔感を少しずつ獲得していって今に至る。

リナさんは21歳の頃、発達障害について扱った番組を観て、自分もそうなのではないかと疑い病院を受診。しかし、1軒目の病院では何度も通院をして発達障害かどうか検討をつけるWAIS‐Ⅲのテストを受けたのにもかかわらず「PDD（広汎性発達障害）の傾向があるかもしれませんが、そんなに気にならない程度でしょう」という診断だった。

ちなみに広汎性発達障害は、2013年以降の『DSM‐5』（米国精神医学会が発行する精神障害の診断と統計マニュアル）では自閉スペクトラム症に統合されている。気になっていたから受診したのに、あいまいな診断に納得できず2軒目の病院を受診。30分ほど医師と話しただけで「アスペルガー症候群（現・自閉スペクトラム症）ですね」と言われた。

1回目の診断と2回目の診断の結果を総合して、現在リナさんはASDと名乗っている。

自分の意思に関係なく「答えなければ」と思っていた

発達障害の支援に携わる人に出会った21歳を皮切りに、当事者会や自助会に参加するようになったが、実は3歳児検診の際、発達障害が判明していたことを24歳のときに知った。親が隠していたわけではなく、言い出せなかっただけだった。

「もともと、自分の意見をうまくまとめられない特性があったのですが、中学校で吹奏楽部に入ったら、嫌でも大きい声を出したり返事をしたりせざるをえない環境になったんです。だから、自分の意見が言えない特性が改善されたかのように見えて、親は安心していた部分があったのかもしれません。でも、実際は無理やりそう振る舞っていたので、負担は大きかったです。
楽器を演奏することや表現すること自体は好きなのですが、周りのメンバーと合わせないといけないのが本当に嫌で仕方なかったです。顧問から『自分の世界に入ったらダメだよ』と注意されるのに違和感を抱いていました」

リナさんは、空気が読める・読めないの以前に「空気がわからない」と言う。その特性が、性依存に陥るきっかけとなった。中学生は性に関して興味が出てくる年頃だ。リナさんのクラスでも、「もう○○さんは初体験を済ませたらしい」という話題で盛り上がる日があった。性に関して、どんなことを経験したか周りのクラスメイトが隠語を使いながらリナさんに聞きはじめた。彼女はそれに答えないといけないと思い「これはしたことがある」、「それはしたことがない」と大まじめに答えていたら、その反応ひとつひとつが悪い意味でおもしろがられてしまった。

「性に関する質問がどんどんエスカレートしていき、自慰行為について聞かれ、それにも答えました。今思うと、『そういう話はしたくない』と答えればいいのに、それがわからなかったんです。もちろん、恥ずかしいという感情はありましたが、『聞かれたことに答えなくては』という思いのほうが、優先順位が高かったんです。嫌なことは嫌と言っていいという概念すらなかったのだと思います」

そしてついに事態は最悪の方向へ動く。彼女の反応をおもしろがったクラスメイトのひとりが

「お前、次の授業でしてみろよ」と命じたのだ。通常、そんなことを言われたら恐怖や恥ずかしさのほうが勝って拒否する。しかし、リナさんは言われたとおり、次の授業中、スカートの中に手を入れて自慰行為に及んだ。

「指示したクラスメイトからは『おい、お前本当にやんなよ（笑）』と言われました。そして、学校で変なことをする気持ち悪い人というレッテルを貼られました。地元は田舎なのであっという間にそのうわさが広まってしまいました」

気づいたときには周りの人間関係が崩壊している

高校は吹奏楽の推薦で入学。自分のことを好きだと言ってくれる彼氏もできた。そして高校1年生のときに彼氏と初体験を済ませて以降、性行為の相手がいない時期はほとんどなく、パートナーを転々としているうちに性依存に陥っていったという。

著書に『男が痴漢になる理由』（イースト・プレス）のある精神保健福祉士・社会福祉士の斉《さい》藤章佳《とうあきよし》氏を取材した際、「依存性とは、その行為を行うと経済的・身体的損失があるとわかっているのにもかかわらず、一時的な心の安定を得られることからやめられない行為」とおっしゃっており、著書のなかでも以下のように語っている。

かつて米国の有名プロゴルファーが「セックス依存症」だと報道され、ここ日本でも大いに話題になりました。これも、広い意味で性依存症に含まれます。性依存症には「犯罪化するタイプ」と「犯罪化しないタイプ」があり、セックス依存症は後者の代表だといっていいでしょう。同性、異性を問わず不特定多数の相手とのセックスは、性感染症や望まない妊娠のリスクが高まります。セックスするために金銭が必要な場合は、ギャンブルと同じく経済的損失にもつながります。しかし、社会的に犯罪とはみなされません。

米国のプロゴルファーは男性でしたが、セックス依存症は女性に多い病です。特に薬物依存症や性虐待を生き延びた女性に多く見られ、不特定多数の異性と関係を持つこと自体が、彼女らに一時的な心の安定をもたらします。心理的苦痛や不安を解消するため、または心的外傷への対処行動として彼女らは、その行動を繰り返し、やめられないのです。(『男が痴漢になる理由』P47)

これらの内容から性依存存は、誰彼かまわず性行為をしまくるイメージを抱いており、話を聞くまで、リナさんは経験人数が100人レベルに達しているのかと思っていたのだが、彼女の言う性依存は違った。

「ヤリマン」とか「ビッチ」と自称していた

「経験人数自体は10人ほどなのでそう多くなく、特定の複数の相手と性行為をして依存してしまう形です。それまで私は『ヤリマン』とか『ビッチ』と自称していたのですが、私を知る人は『お前はヤリマンじゃない。されるがままになっているだけ』と、口をそろえます。

さすがにナンパやキャッチは怖いので逃げますが、仕事やプライベートで仲が良い人や、もともと面識がある人ほど断りにくいというか応じやすい。信頼関係ができているものだと思い込みやすく、応じてしまう傾向があります。だから、性被害のニュースで加害者が家族や知り合いであるケースは、とてもわかります」

本来の依存症の定義は、損失があるとわかっているのにやめられない行為だ。リナさんは、性行為によりどんな損失を被っていたのか疑問が湧いたので聞いてみると、「相手に依存している状態を平常だと誤認してしまい、自分の意思を見失っていることに気づかず、気づいたときには自尊心や人間関係が崩壊していること」だと語った。

ここでようやく合点がいった。中学の頃に授業中の自慰を強要された際、自分の意思ではないのに実行した。そして、それを行ったことにより周りから「ヤバい人」と思われた。損失に後で気づくことを繰り返すパターンだったのだ。

コミュニケーション能力の不足が原因で性依存に陥ってしまったが、現在は結婚を前提に交際中のパートナーの下、性依存は回復している。しかし、今後もいろんな男性とかかわっていくなかで、またいつ性依存に陥ってしまうかわからないと思う恐怖があり、まだ完全に克服できたとは思えないと語る。

性依存について話しやすい場を提供したい

今、彼女は、人から嫌なことを聞かれたらNOと言うだけでなく、「私はこうしたい」という気持ちをどう言葉で伝えればいいのか、苦戦しながら探っている最中だ。

「自分の経験から、正しい性の情報を伝えられる側になりたいと、性に関する団体に複数所属し、学び直すことも兼ねてお手伝いをしています。中高生を対象にした講演活動でデートDVや性被害に遭ってしまったときの対処法について伝えたこともあります。これはまさに、私が中学生のときに知りたかった内容です」

また、以前は発達障害の当事者会や自助会に参加した経験のあるリナさんだが、二次障害で性依存を併存する人もいるのに、自助会では性依存について話しづらい雰囲気だった。定型発達の人でも、性に関する話題を避けたがる人もいる。

「定型発達の人と比べると、当事者のほうが性について話したい人と話したくない人の差が激しい傾向にあります。当事者のなかでも、もっと性について語れる場を増やしていきたいです。性って本来すごく大事なことなのに全然話せていない。『それならば、性について話したい人だけが集まればいいじゃん』と思われるかもしれませんが、そうなると今度はその人たち同士でどういう距離感で話せばいいかという問題が生まれます。

その結果、性被害の事件が起こった際、『あの容疑者、発達障害なんじゃないの？』と疑われる事態になり、悪い意味で発達障害が取り上げられてしまいます。それは性に関して話せる場がなかったからということも関係しているのではないかと。発達障害と性、両方について向き合う機会があればいいと思います。

自助会のようなクローズドな場はたくさんある一方、オープンな場は発達障害バーくらいしかありません。だから、自助会でもなく饒舌な交流会の場でもなく『自助会以上、居場所未満』の中間層を今後作っていきたいです。発達障害の人に向けて、性の悩みや性被害を少しでもなくせたらと思います」

発達障害と性は関係がないように思っていた読者もいるかもしれないが、発達障害の特性がもとで性依存に陥ったり、性被害を受けたりして苦しんでいる当事者もいる。一方で、最近では、性被害についてネット上で声を上げる＃ＭｅＴｏｏ運動も起こり、性や性被害に関して関心が高まっている。性と向き合うべきなのは発達障害当事者だけではない。

15

後天的に発達障害に似た特性が出るように

関東在住で「後天的にADHDのような特性が気になるようになった」と語るカオリさん（21歳・仮名・大学生）。一般的に発達障害は生まれ持った脳の特性とされているが、カオリさんの場合、大学生になってからADHDらしき症状に悩まされることになったという。

勉強のストレスや過敏性腸症候群から適応障害に

中学までは特に生きづらさを感じることなく過ごしていたカオリさん。しかし、高校の頃にストレスが原因で適応障害に陥ってしまう。

「当時、親から『学歴がすべて』だという洗脳を受けていて、勉強しかしていませんでした。勉強ばかりで人間関係を大切にしなかったので、ひとりも友だちがいませんでした。また、親しくしていた男性に彼女ができてしまうといった、ショックなことも重なっていた頃、授業中にオナラをしてしまったんです。そしたら、『また授業中にオナラをしてしまったらどうしよう?』という不安から過敏性腸症候群になり、そのストレスから適応障害を患ってしまいました。私の場合の症状は、『死にたい』という気持ちがずっと続く。適応障害はストレスの原因がはっきりしているうえで起こる障害です。その原因が取り除かれると症状が緩和されて改善に向かう点が、うつ病との違いだと思います」

適応障害に悩まされるカオリさんを見かねた両親は、ニュージーランドへの留学を勧めた。そして、高校2年生の10月にニュージーランドへ飛び立った。適応障害で体調がいいと言えないなか、海外へ行くことに不安はなかったのだろうか。

「英語ができるわけでもないし、外国人とかかわった経験もなかったので、不安だらけでした。ニュージーランドに行ってからも、靴を履いたまま家に入ることやバスの乗り方の違いなど、そういう小さな文化の違いがストレスでした」

当初は日本との違いに戸惑ったものの、徐々に適応障害は回復へ向かっていった。留学先では月曜から金曜までは学校、土日は休日という日本と変わらないスタイルだったが、下校時刻が15時頃で、17時過ぎまで授業があった日本とは違い、放課後自由に遊べたりのんびりできたりした。そして、だんだんと気持ちがポジティブになっていくのを感じた。

日本にいた頃は精神安定剤を服用し、カウンセリングも受けていたがまったく症状が良くならなかった。「海外で生活して習慣が変わったら、最終的に心の持ちようも変わったのかも」と、カオリさん。また、彼女にとってニュージーランドは生きやすかった。

「海外だと自分が『外国人』になります。そうすると現地の人は、自分とは違う異質の存在だという前提からコミュニケーションがはじまるので、何か違和感が出てきても『この人は外国人だから違うのか』と、いい意味であきらめてくれる場合が多かったです。その点では楽でした」

大学の講義を集中して聴けず、不注意が増える

1年半の留学を終え帰国後、大学に入学した。帰国当初は、空気を読まなければいけないという日本独特のプレッシャーが大きく、どの程度まで自分らしくいて、どの程度まで日本のコミュニケーションスタイルに合わせていけばいいのかという葛藤が生まれた。そして大学生になってから、ADHDらしき特性が出るようになったのだ。

「大学生になってから集中して講義を聴けなくなってしまいました。特に、講義がはじまってからすぐは集中できず、読書したり寝たりしていました。子どもの頃にはそのようなことは特になかったと記憶しています」

高校までの授業時間は50分だが、大学の講義は通常90分。筆者が「時間が長いせいで集中力に欠けてしまったのではないか？」と思い尋ねてみると、時間は関係なく、その講義に興味を持てるか・持てないかの問題だという。

また、それまでにはなかった衝動的な行動や不注意を起こすようになった。対人ではないものの、車で縁石に乗り上げてしまい事故を起こす。家の鍵をなくして3か月間部屋の窓から出入りをしたりしたこともあった。母親からは「どうして大学生になってからこんなにちゃんとできなくなっちゃったの」と小言を言われた。

検査の結果、能力のアンバランスさが判明

そんなカオリさんを心配し「ＡＤＨＤじゃないの？」と指摘したのが、大学でいちばん親しい友人だった。それまではＡＤＨＤという言葉も知らなかったが、ネットや本で調べてみると今の自分に当てはまることが多かった。そこで大学の保険センター内の精神科で発達障害かどうか検討をつけるテストのＷＡＩＳ－Ⅲを受けたところ、臨床心理士から「能力にアンバランスがある」と言われた。

「たとえば、聴覚から入る情報の短期記憶がほとんどできませんでした。日常生活では、明日何

時に何の予定があると言われたら、メモをしないと忘れてしまいます。バイトの出勤日を忘れたこともあります。いちばん顕著に自分ができないと感じたのが、初対面の人が大人数で集まり、円になって行う『名前覚えゲーム』。『私の名前はカオリです』と言ったら、隣の人が『カオリの隣にいる私はユキです』と言い、3番目の人は『カオリの隣にいる人はユキで、その隣にいる私はヤヨイです』という風につなげて回していくゲームです。自分はまったくできなくて浮いてしまい、とても嫌な思いをしました。

逆に、一番秀でていたものは抽象的概念を論理的に考えるテストです。たとえば、『〝地震〟と〝津波〟という単語を聞いた際、これに共通しているものは何ですか?』と聞かれた際、パッと『自然災害』という答えを出せるとか」

WAIS-Ⅲは発達障害かどうか診断を下すためのテストではなく、傾向を見るテスト。詳しい診断は医師によってくだされる。

冒頭でも述べたが、発達障害は先天的な特性というのが一般的だ。後天的に発達障害の特性が出るケースがあることは今まで当事者を取材してきたなかでは聞いたことがなかった。

「いろんなサイトや本を読んで調べていたら、アメリカの研究結果で『ADHDは先天的なものだけでなく、強いストレスにより前頭葉と扁桃体が萎縮した結果、ADHDのような特性が後天的に出る可能性も考えられる』と書かれていました。まだ研究中なので根拠は薄いですが、高校時代のストレスにより発達障害のような症状が出るようになったのではないかという仮説を自分なりに立てました」

タクミさんのケースで紹介した、「BMC Psychiatry」に掲載されているイギリスの論文「Adult ADHD and comorbid disorders: clinical implications of a dimensional approach」(大人のADHDと併存疾患:次元的アプローチの臨床的意義)にも、ADHDと前頭葉の働きは関係している可能性があると述べられている。

瞑想状態に入ると薬を飲んだときのような状態に

カオリさんの場合、あくまでも自己診断での後天的な発達障害らしき特性だ。専門の病院を受診することも可能だが、費用も時間もかかるため、診断を受けるかは検討中だという。しかし、診断をくだされなかったとしても、能力にアンバランスがあることは確かで、それによって社会生活が困難になることに変わりない。そのため今は、さまざまな情報をもとに、自分の認知の歪みや症状をどのようにカバーするかを自力で模索中だ。その方法のひとつとして試しているのがヨガ。

「ヨガをはじめて1年ほど経ちます。今は毎日ヨガ教室に通って、1時間ヨガをしています。ADHDの人は脳にいく血流が少ないので、それが脳の働きを低下させる原因だと読んだ本に書かれていたからです。

ヨガは『動く瞑想』と言われていて、難しいポーズを取ろうと集中しているときに瞑想状態に入ります。1時間くらい瞑想状態を継続すると、終わった後は頭がすごくスッキリするんです。

また以前、ADHDの薬であるストラテラのジェネリック『アクセプタ』を個人輸入して取り寄せ、飲んでいました。普段は頭の中にずっと雨雲のようなものがあって大雨が降り続いているような状態なのですが、それを飲むと雲がなくなったような状態になります。

それがおそらく、定型発達の人の脳の状態だと思うんです。ヨガで1時間瞑想状態に入った後は、アクセプタを飲んだときのようなぱっと晴れた状態になることを実感しています。今はもう、アクセプタは飲んでいません」

生きづらい理由

発達障害と診断されている人の生きづらさはこれまで紹介してきた。しかし、カオリさんは診断されていない人ならではの生きづらさがあると語る。

「以前はADHDらしき特性自体で生きづらいなと感じていました。でも、自分を客観視するようになると、自分の弱点が見えてきました。それをヨガなどでカバーしようとするようになってから、生きづらさは減ってきました。

でも、やはり私のように発達障害らしき特性で悩んでいる人は発達障害の人からも定型発達の人からも、どちらの方向からも理解されにくいのではないかと感じます。発達障害の人は医師の診断も受けているし、ある能力が極端に発揮できないから、理解を得られる部分があります。そして、定型発達の人はバランスよくいろんなことができる。

だけど、私は医師の診断もないし、できないことが多いわけではないけど、できないこともある。程度の問題だとは思いますが、『それくらいのことは定型発達の人にも当てはまるよ』と言われると言い返せません。だから、自分の脳の特性のせいにしにくいなと思います」

筆者はカオリさんのほかにも「病院を受診していないが、おそらく発達障害か、グレーゾーンだと思う」人を何名か知っている。ぱっと見ただけでわかる身体障害と違い、発達障害の生きづらさは一見見えづらい。しかし、診断を受けていない人やグレーゾーンの生きづらさはもっと見えづらいものなのではないか。カオリさんの話を聞いてそう思ったが、海外の論文を読んで調べたり、認知の歪みを矯正しようと努めたり、ヨガに挑戦したりと、自ら生きづらさを解消するための手立てを探している点に、彼女のこれからの可能性を感じた。

16

一般社会になじめず脱サラ、バンドマンに

ヴィジュアル系バンドでギターを担当しているケンさん（33歳・仮名・アルバイト）。彼は、就活中に適応障害、就職後はうつ病に悩まされた末、脱サラ。自分は発達障害のグレーゾーンなのではないかと悩みながらも、現在は大好きな音楽活動に勤しんでいる。

公務員を目指すも面接でうまくいかない

幼い頃はとにかくおとなしく、自分の意見を言わない子どもだったケンさん。つねに大人の顔色をうかがって怒られないようにしていたという。「自分は他の人と違っておかしいのではないか」。そう感じはじめたのは、一浪して東京外国語大学に進学し、就職活動をはじめた頃だった。

「先輩に公務員を目指す人が多かったので、とりあえず自分も公務員を目指そうと国家試験の勉強をはじめました。でも、一次のペーパー試験は通るのに、面接でうまくいかない。面接官の質問の裏にある意図がまったく読めないんです。なぜこの人はこんな質問をしてくるのだろうと考えてもわからない。特に、苦手だったのがグループディスカッション。議論をまとめられないし、自分だけ的外れなことを言ってしまうんです」

地元である宮城県庁の一次試験に通り、喜んでいたものの二次の面接に通らず、自殺という言葉が脳裏をよぎるほど追い詰められていた。

結局、2年間の就職留年をした。公務員以外に金融系も受けたが、当時リーマンショックが起こった年で景気が悪く、どこも受からない。次第に彼の体に変化が起こりはじめた。毎日37・5度の微熱が続いて体がだるい。病院を受診したところ、適応障害の診断が下りた。

適応障害とは、ある特定の状況や出来事のストレスにより、心身に不調が表れる障害だ。そう状態のときは異常なほどテンションが上がって、街中でアニメ『聖闘士星矢』の主題歌を大声で歌ってしまうような奇怪な行動を取ってしまったこともあった。

なかなか内定が出ないが、生活のためには働かねばならない。アルバイトで塾講師をした経験から、小さな学習塾を受け正社員の内定をもらい就職。この塾でケンさんは仕事のできない自分に気づく。

「とにかくマルチタスクがまるっきりダメです。塾の仕事は生徒に教えるだけでなく、新規開拓もしないといけないんです。入塾させないといけない人数のノルマがあり、新規開拓をしつつ既存の生徒の成績を上げるという二重の業務が、どうしてもできませんでした。

また、人の間に入って仕事の調整をするのも苦手です。上司から生徒A君の成績を上げるよう言われたので、遅くまで指導していたら保護者から『なぜこんなに遅くまで帰れないのか』とクレームがきて、上司には『言われたとおり、成績を上げようと教えましたよ』と言うと『お前のやり方は間違っている』と怒られる。そんな日々が続いていたので、次第にうつの症状が強くなり、微熱も毎日ある状態でした」

傷病手当金をもらって休職するという手を取らなかったのかと聞くと、そのようなことを教えてくれる総務担当もいない、社員を使い捨てにするような会社だったという。退職願を出しても、次の人が見つからないからと半年間辞めさせてもらえなかった。28歳のとき、ようやく塾を退職。会社員を辞めて、もう人生終わったも同然だと思い、どうせなら好きなことをして生きようと決めた。そして、バイトをしながら自分が本当にやりたかったバンド活動をはじめた。

「みんながやっているから当たり前」と思える人がすごい

しかし、人の間に入って調整を行ったり、マルチタスクが苦手だったりすると、チームプレイであるバンド活動も厳しいのではないだろうか。

「衝動性から、Ｔｗｉｔｔｅｒでの発言で炎上してしまうことが、今まで何度かありました。だから今は、何かをツイートする際はメンバーに『こういうツイートしてもいいかな？』と相談してからツイートするようにしています。メンバーが僕のことを理解してくれているのでとても助かっています。

また、僕がバンド活動をはじめた当初は地下アイドルブームで、『地下アイドルをプロデュースして一儲けするぞ！』と思って衝動的に動いたのですが、結局失敗しちゃいました。

マルチタスクが苦手なので、メンバーで役割分担をして、僕は得意な作曲や動画編集を担当しています。過集中特性があるのか、作曲をしていると時間を忘れて没頭してしまいますね」

普通の人は普通に就職をして、普通に結婚をして普通に家を買って……ということをしている、その忍耐力が信じられないとケンさんは語る。彼の言う「普通」とはどういう人なのか聞いてみた。

「たとえばスーツを着て会社に行くということにまったく疑問を持たない人です。僕はそういうレールから外れてしまったので……。日本の会社の仕組みは株主が一番偉くて、株主の下にたくさん労働者予備軍のような人が商品として陳列されているわけじゃないですか。その株主という日本を支配しているヤツのしもべになるために生きているのかと思うと信じられなくて。誇大妄想と言われてしまうかもしれませんが、そうやって生きるために、明るく協調性を持って文句を言わない人材にならないといけない。こういうことを『みんながやっているから当たり前』と思える人はすごいと思います」

ケンさんはネットでの自己診断のみで自分は発達障害ではないかと疑っている。「きちんと病院を受診して自分の生きづらさの原因を突き止めたほうが生きやすくなるのではないか」と筆者は受診を勧めた。発達障害かと思っていたら別の障害だったという可能性もある。

彼は今まで病院を受診しなかった理由についてこう語る。

「ゆくゆくは、バンドを事業にしたいと思っています。でもその際、障害者だと銀行から借り入れができないと聞いたことがあって。もちろん、受診したい気持ちもあります。さっきも言ったように、普通に働いている人たちに対して引け目があります。仮にバンドがバカ売れして『ああ、やってて良かった』と思える日がくればいいのですが、現状はそうではないので、普通の人は頑張っているのに自分は成果が出ていないと落ち込むこともあります。そのためには診断が下りたほうが楽になるのかもしれません」

バンドを脱退して裏方へ

病院を受診していないものの、彼は生きづらさから発達障害を疑っている。今回のインタビューの文字起こしの原稿を読み返していると、こちらの質問と回答が噛み合っていないことに気づいた。質問の回答ではなく、自分が伝えたいことのみを答えている。文章化するにあたり、調整して違和感をなくすようにしたが、就活時に面接官の質問の意図が読めなかったというのはこういうことだったのかもしれない。

数日後、ケンさんより心療内科を受診したと聞いた。まずは性格の傾向のテストを受け、発達障害のテストの結果はまだ先になるという。性格の傾向のテストが出たら報告をしてくれるということだった。

しかしその数時間後、ケンさんが1週間後に行われるワンマンライブを最後にバンドのステージからは去り、裏方に回るという報告のブログを更新していることに気づいた。その理由のひとつに、バンド活動における人間関係に疲れ果てて精神的に厳しい状態であること、しかし支えてくれたバンドメンバーには感謝しているといった気持ちが綴ってあった。インタビュー時も、人とのコミュニケーションが難しいと語っていたが、とうとう限界を感じてしまったのかもしれない。

ケンさんは表舞台からはいったん身を引くが、大好きな音楽にはこれからも携わっていく。まずは通院により、少しずつ生きづらさの原因を取り除いていってもらいたい。そうすれば、さらに音楽を楽しめるようになるのではないだろうか。

後日談

心療内科での検査結果を聞いたところ、「今、仕事ができているのなら診断する必要はない」と医師に言われ、別の病院で検査を受けようかと検討中とのこと。また現在、就活中で、できるだけチームワークの少ない職場を探している。その傍ら、バンドやアイドルのイベント制作を行う自営業を続けているという。どちらにせよ、無理をせず身の丈に合った道を歩もうとしているそうだ。

17

二次障害のうつ病で働けず生活保護を受給

ASDとADHDを併存しているハルナさん（27歳・仮名・接客業）。出身は関東の某県で今は都内在住だ。現在、うつ病により医師の勧めで生活保護を受給中。自身はバイセクシュアル。男性パートナーと、同じく発達障害持ちでレズビアンの友人の3人で、自助グループのような形で共同生活を送っている。

初回の診察ですぐに発達障害と診断

ハルナさんに発達障害の診断が下ったのはつい昨年のこと。ずっと自分は発達障害なのではないかと思っていたが、余裕がなくて病院に行けなかったという。余裕がなかったとはどういうことなのだろうか。

「それまで、うつ病で精神科を受診していたのですが、その病院が発達障害の専門ではなかったんです。また、生活が落ち着いたから発達障害を診ている病院を受診できたというのも大きいです。今の男性パートナーは昨年の3月から付き合っているのですが、それまでは女性のパートナーでした。でも、その元パートナーのDVが大変で共依存状態になってしまい、別れるのにとても苦労してしまって……。

マルチタスクも苦手なので、生活保護の手続きなども一昨年から昨年にかけてようやく終わりました。そして、昨年から今年にかけて自分の周りの人間関係を整えていって、やっと環境が落ち着いたので、ようやく受診できるところまできました」

受診した際、初回の診察ですぐ「一応検査はするけど、もう発達障害は確定だね」と医師に言われたほど顕著な特性が表れていたハルナさん。うつの症状が強いため、医師からは就労継続支援すら受けてはいけないと言われた。しかし、毎月の生活保護と2か月に1度振り込まれる障害年金を合わせても月15万円ほどで過ごさねばならず、そこから6万5000円の家賃が引かれるのでカツカツの生活だ。

生活保護受給者は家賃の上限があったり、定期的にケースワーカーが訪れ、高価なものを買っていないかチェックがあったりすると、以前、生活保護受給経験者を取材した際に聞いた。ハルナさんの家賃額は生活保護受給者にしては高いのではないかと思ったのと、そもそも3人で共同生活をしていることにケースワーカーは何も追求しないのだろうか。

「家賃が少し高めなのは、子どもの頃にネグレクトを受けて監禁状態だったトラウマから、狭くて窓のない部屋が精神的に耐えられないからです。この部屋じゃないと住めないとケースワーカーさんに言ったら少しケンカのようになってしまったのですが、何とか許可が下りました。でも、木造で築年数は古いし、お風呂はバランス釜です。

共同生活について、実はレズビアンの友だちも発達障害で生活保護を受給中なのですが、住所は別の場所にあります。友だちもパートナーも、同居というより介護をしてもらいにきている状態で、いつも私の家にいるというわけではないので、法的には問題ありません。本当は、いっそのこと生活保護を受けている友だち同士で一緒に暮らしたいのですが、『同性同士が同居するというのはシステム上考えられていないのでできない』と言われてしまいました」

親にも発達障害らしき特性があった

今、ひとりで生活することが困難なため、共同生活を送っているハルナさん。彼女が言う「介護」というのは、家事をはじめ、日常生活におけるすべてのことを指す。3人のうちできる人がやっているという。

ハルナさんは幼い頃からADHDの衝動性とASDのこだわりといった特性があった。

「小さい頃はとにかく目に映るものすべてに興味がありました。誰かの誕生日でケーキにロウソクの火が灯っていて、もう8歳だったので火が危ないことはわかっているはずなのに、火をティッシュに移してしまって慌てて周りの大人が消したことがありました。今思うとこれは、衝動性ですよね。

また、幼稚園の頃は1日のルーチンワークが決まっていて、ブロック遊びをした後にパズル、その後に折り紙をするという3つの行程を必ず行っていました。毎日同じことをこなすのが心地よかったんです」

そして、ハルナさんの母親がADHD、父親にASDっぽい特性があったのではないかとも語った。とにかく母親は物忘れが激しく、絶対に忘れてはいけないことを忘れる。教育熱心な親だったので小3から塾に通い中学受験をする予定で頑張っていたのに、なんと母親が入試の出願書類を出し忘れてしまったのだ。このとき、父親が母親にものすごい剣幕で怒ったのを覚えているという。せっかくの努力が水の泡になったのかと思いきや、父親は母親の特性をわかっており、出願書類の締め切りより前倒しの日程を伝えていたため、無事受験でき、さらに合格した。

一方、父親の特性はハルナさんに似ていた。ハルナさんは日常のささいな疑問の答えをいつも知りたかった。父親は彼女がたとえば「なぜ空は青いの?」と、普通の人ならすぐに答えられないような質問をしても、きちんと説明して答えてくれた。だから、大人は疑問に感じたことを教えてくれるものだと思っていた。そんな最大の理解者であった父親を中1のときがんで亡くしてしまう。

「そこから先は母子家庭となり荒れ放題。母親はADHDぎみなので片付けができなくて家の中はぐちゃぐちゃ。それにアルコール依存症も加わってしまいました。そして私は中1のとき、うつ病を発症してしまいました。また、母親はスナックを経営していたので、法的に違反しているのに、16歳の頃から私も店に立たされ、お酒も飲みたくないのに18歳のときから飲まされました」

看護師になるもののマルチタスクが苦手

高校卒業後は母の指示により、自分が興味のある学部ではなく看護師になるための大学に行かされてしまった。そして、大学でいじめを受ける。大学の子たちはみんなで一緒に勉強をするのを好む学生ばかりだった。しかし、ハルナさんはひとりで勉強をしたくて断っていると「付き合いの悪いヤツ」と言われてしまった。

また、学生生活最後の1年は特に勉強に集中したく、遊びにも行かなかった。国家試験対策のため、都内の予備校にも通っていたので、遊ぶおカネがあれば予備校の受講料に回したかった。夏に「みんなで野外フェスに行こう」と誘われた際も、「ごめん、予備校の受講料を払ったばかりでおカネがなくて行けない」と断ったら、白い目で見られた。大学卒業後は地元で看護師になったが、向いていなくて1か月で辞めた。

「看護師はマルチタスクだし、女社会だしで、実習のときから合わないとは感じていました。もともと小学生の頃から女子グループが苦手でしたし。同じ実習に入った子から『患者さんのこの病気について調べてきたよ』と言われたので、『えっ、なんで調べてきたの？』と聞いたら、『だって担当の看護師さんが調べてって言ってたじゃん』と言われたのですが、『調べて』とは言われていないんです。おそらく『あの患者さんはこういう病気だから、まあ調べておいたほうがいいかもね～』みたいな言い方だったと思います。でもそのとき、私は話の主語から外れていたし、そこに着目できなかった。そういうことがたくさん積み重なっていきました」

看護師を辞めた後は、看護師の資格が必要とされる健康相談のコールセンターや介護施設を転々とした。そして、24歳の頃「とにかく過干渉な毒親から離れたい一心で、現金3万円を握りしめてキャリーケースひとつで上京した」と語る。母親のスナックの手伝いにより、水商売のノウハウは身に付けていたので、上京後はとりあえずキャバクラで働いた。しかし、キャバクラこそ女の世界で、お客さんとのコミュニケーションを必要とする職だ。きちんと務まったのだろうか。

「やっぱりしんどいときはあります。たとえば、若めのお客さんだとノリで『イエーイ！』って感じなのでついていけなくて。私、中身のある会話しかできないんです。『〇〇に行ってきたんだけど、あそこって〇〇があるよね、そういえばそれに関する歴史的な〇〇が……』というふうに。だから、そういう話が好きでないお客さんとはどう話したらいいのかわからない。また、女の世界ではありますが、それはほかの（キャバクラ）嬢と一緒に卓についているときのみ、仲が良さそうに話せばいいだけ。待機室に戻ると一気に他人に戻って会話はないので、その点は楽です」

生活保護を切るために、医師には禁じられているが働く

実は今も、医者から働くのを禁じられてはいるが経済的に苦しいので、体調の良い日だけキャバクラで働いている。出勤日数は体調によりけりで、うつの状態が悪いときは週ゼロ、ある程度いいときは週4出ることもある。中身のある会話を好むハルナさんにとって接客が得意な年齢層は40代後半以上のおじさま世代だ。お店の人には「年配の人への接客のほうが得意です」と伝え、なるべく年配のお客さんの卓につかせてもらっている。時には70代のお客さんを接客することもある。

当然だが、収入があると生活保護の受給額が少なくなったり打ち切られたりする。しかし、ハルナさんは早く生活保護を打ち切りたくて働いている。今のいちばんの目標は生活保護を切ることだ。そして、今まで進路をすべて母親に決められてきたので、美大に行きたいとも語る。

「絵を描くのが好きなのですが習ったことはないので、ちゃんと勉強してみたいんです。自分の特性を存分に爆発させてもいい場所が欲しいです。でも、やりたいことが毎日、最低3つは思い浮かぶんです。たとえば今日は押し花をやりたい気分。こうやっていろんなものに興味が湧くADHDの特性に、今の自分のうつ病の身体が追いついていないのがいちばん嫌だなと感じているところです」

今までも作品を描いたことがあるというので見せてもらおうと思ったら、残念ながら現在使っているスマホにデータが保存されていなかった。取材後、「パソコンにデータがあったので」と作品が送られてきた。矢沢あいの漫画を彷彿させるようなかわいらしいイラストとレインボーカラーのリボン。彼女自身LGBT当事者であるため、以前LGBTの啓発活動にかかわったときの作品だという。地元だと、LGBTに偏見がある人も多く、生きづらさを感じたこともあったというが、「都内は地元よりも理解があるのがうれしい」とハルナさん。

ハルナさんは本来なら働ける体ではないのに働いている。まずは体調を最優先に、今まで抑圧されてきた分を取り戻すよう、自分らしく生きてほしい。

18

京大卒だが会社員が務まらずフリーランスに

京都在住でフリーの大学講師・企業研修講師のナオキさん（35歳・仮名・フリーランス）。京都大学を卒業後、就職するもほかの人がすぐにできる仕事が何か月経っても覚えられない。そして、その原因がADHDの特性によるものだと判明した。

子どもの頃はADHDの特性を見落とされていた

現在、大学で就職活動対策やキャリアデザインなどの仕事をしているナオキさん。学生のなかには発達障害傾向のある人もいて、彼らが苦しんでいるのを目の当たりにすることもある。ＡＤＨＤ傾向のある学生は就活の面接時に多動で面接官にマイナスの印象を与えたり、自分の意見を勝手に展開していったりしてうまくいかないことがある。ASD傾向のある学生は知的な面では問題がないのに面接官と話がかみ合わないなど、不利になるケースが多いという。

「本人が発達障害の傾向を自覚している場合としていない場合によって、面接対策は異なりますが、自覚している場合、たとえば〝結論を先に言ってから理由を言うように〟とか〝面接官に質問をされたら、一度『はい』と答えて話し、話し終わったら『以上です』で締める〟といったテクニックを教えています。そういうちょっとした空気づくりやコミュニケーションの取り方で、発達障害傾向のある学生でも面接での印象がよくなります」

このように、今は生き生きと仕事をしているナオキさんだが、ここまで来るのに10年かかった。

小さい頃から異様に忘れ物やミスが多く、整理整頓がまったくできなかった。また、教科書はすぐに角がめくれてボロボロになり、なぜほかの人の教科書は角がピンとしたままできれいなのか不思議でたまらなかった。しかし、いくら努力しても教科書の角をきれいな状態に保つことができず、自分がほかの人と少し違うことを自覚させられた。細部にまで意識がいかず、雑な扱いをしていたのかもしれない。

少し乱雑なところのあるナオキさんだったが成績は優秀だったので、親は特に心配することはなかった。彼が本格的につまずいたのは京都大学を卒業後、就職してからだ。

「金融機関に就職したのですが、他の同期がすぐにできた電話応対などが、自分はできない。でも、周りの人がとても優しくて『ゆっくり長い目で見てあげよう』という雰囲気で助かりました。

問題だったのが、出向になった2社目の会社です。怒鳴るパワハラ系の上司にあたってしまったんです。しかも、担当は経理。細かいことを大量に、納期までに正確にこなさないといけないことが、本当に苦手でした」

このとき、病院は受診しなかったものの、今思うとうつの症状が出ていたという。情緒不安定になって通勤中の電車で涙が止まらなくなる、会社に行くまでの道で足が動かなくなり、10分くらい立ち尽くしたこともあった。また、いちばんひどかったときは、自然に足がふらっと特急電車に向かって飛び込みかけた。

自分はほかの人が普通にできる仕事ができない——。なぜなのか悩み、大学時代の先輩に相談したところ、「ADHDなのではないか」と言われた。その先輩もまた、ADHD当事者だった。その後、大学病院を受診してADHDの診断が降りたのが25歳のとき。診断が降りたときは、仕事ができない理由がわかって心からホッとした。精神的にも追い詰められていたため、出向していた会社は1年半で退職した。

重要なのは〝能力×仕事のしやすさ〟

27歳で会社を辞めてフリーランスになったものの、仕事はほとんどなかった。食べていくには働かなければならない。そこで、いちばん時給の高かった塾でアルバイトをはじめると、教えることの楽しさに目覚めた。教える仕事ならできると思った。ただ、教える仕事自体は評価されても、職場の人間関係がうまくいかない、仕事の納期が遅れるなど、周りに迷惑をかけることが多かった。全力で取り組んでいるのに納期が遅れてしまう。納期ギリギリにならないと取り組めないのだ。

別の塾から社員登用の話も来たが、社員になると管理業務が発生する。それは自分が苦手な分野の仕事だ。そうなるとまた、会社員時代のように崩壊してしまう。しかし、アルバイトのままだと生活ができない。経済的にはどん底の最中、当時交際していた彼女との結婚も決まり「最初のうちは妻に食べさせてもらうヒモ状態だった」と笑いながら語る。

「婚約前に、彼女に発達障害であることを振られる覚悟で告白しました。彼女の答えは『多分そうだろうなと思っていた』で、拍子抜けしました。妻は以前、学童保育で働いていたので、発達障害の子どもも見ていて知識があったようです。それで、この人と結婚したいと改めて強く思いました。この人なら自分のことを受け止めてくれると。

ヒモ状態を脱却するためにはフリーの講師になろうと、1日当たりの単価が塾より高い大学講師の道を選びました。そして今に至るのですが、この10年間はトントン拍子とは言えませんでした。うまくいかないことに絶望して、『死』が脳裏をよぎることが何度もありました」

32歳のとき子どもが生まれ、育児のために妻が仕事を辞めた。これからはひとりで妻と子どもを食べさせていかねばならない。そんなプレッシャーのなか、なんとかフリーランスとして仕事を成功させようとナオキさんは必死で努力をする。今まで取材してきた当事者のなかにも「会社員として働けないから、フリーライターやブロガーで食べていきたい」と語る人がいた。しかし、フリーライターで生計を立てている筆者だからこそ、フリーの厳しさを知っており、夢を語る当事者への返答に困ることがある。

「フリーランスは特にＢｔｏＢの場合、〝能力×仕事のしやすさ〟だと思うんです。能力のほうは経験を重ねて鍛えていけばいいですが、発達障害の人の場合、仕事のしやすさの部分がネックになる人が多いのかなと思います。私でいうと、講師としての能力はそれなりに評価されているけど、仕事のしやすさの面で以前はルールや納期を守れない、ケアレスミスをするという失敗をしてきました。

社会人となってから10年かけて、仕事のしやすさの面はある程度コントロールできるようになりました。フリーとして働くうえでもうひとつ重要なのは、断る勇気。『この人は発達障害の特性を理解してくれない』と思ったり、『管理業務までやってくれ』と言われたりしたとき、応じると失敗してしまう。昔は断ったら仕事が減ってしまうという恐怖から、しんどい思いをしてまで引き受けていましたが、最近はようやく『それは私ができる仕事ではありません』と断れるようになりました」

ナオキさんは、能力を上げるために必要なのは自分が向いていると思ったテーマに時間をかけることだとも語る。フリーとしてうまくいっていない人はテーマをコロコロ変える傾向があるという。ナオキさんは2010年から講師をはじめ、安定して仕事が来るレベルの能力になったのは2016年。それまで累計約3000時間、人前に立って教えてきて、6年間かけてようやく能力を開花させた。もともと教える才能はあると思っていたが、才能があるのに地道な努力ができていない人が多いように感じるという。

10年がかりでようやくスタートラインに

「私は社会に出てから何とか生計を立てられるようになるまで10年かかりましたが、大学時代の友人たちはその10年間に大企業で出世したり、会社を起こして成功した人もいます。自分が10年間悪戦苦闘してきてようやくスタートラインに立てたとき、みんながすでに成功しているのを見ると、負い目を感じることもあります。でも今、自分は好きな仕事で生活できているのはとても幸せなことだと思います」

ナオキさんは今、講師の仕事以外にも発達障害当事者向けのサイトでコラムの仕事も請け負っている。しかし、ADHDの特性がゆえ、締切に遅れそうになることが多い。そこで、コラムの仕事や締切のある資料作成のときのみ、ADHDの薬のコンサータを服用することがある。そうすると、圧倒的に効率がよくなるという。なぜ、普段から服用しないのだろうか。

「講師をしているときは、ＡＤＨＤの特性がいい方面で出ているようで、コンサータがなくても全力でいけるんです。講義の準備の段階や納期がある仕事の場合は服用したほうがいいのですが、私の場合は効果が切れると体に負担がかかってすごく疲れてしまうので、医師と相談のうえ、飲む場面は選んでいます。また、もうひとつのＡＤＨＤの薬であるストラテラについては、薬が効いているときは講義中の反応が０・５秒くらい遅れる感じがします。それをストレスに感じてしまうので飲むのをやめました」

就労に悩んでいる当事者は、フリーランスとして働くのもひとつの手なのだとナオキさんの話を聞いて感じた。しかし、それで生活していくためには血のにじむような努力と時間が必要なことも事実である。また、今回のナオキさんの話は発達障害当事者だけでなく、すでにフリーで働いている人や、フリーに興味を持つ人へのアドバイスにも思えた。

19

当事者会に参加し、脱・引きこもりに成功

都内在住でＡＳＤのマナミさん（29歳・仮名・会社員）。引きこもり経験もある彼女だが、現在は引きこもりから脱し、障害者雇用でアパレル会社に勤務している。マナミさんがアパレル会社で働くきっかけとなった、ライフスタイリストの乃浬子さんとふたりでインタビューに応じてもらった。

知的障害としてはボーダーラインだったため、精神障害で手帳を取得

今まで取材してきた当事者には知的に問題はない方が多かった。なかには高学歴な方もおり、だからこそなぜ、自分は他の人ができることができないのか悩むケースが見受けられた。しかし、今回お話をうかがったマナミさんには軽度の知的障害持ちという、今までの取材のなかではは

めてのケースだ。マナミさんは25歳の頃、発達障害ではないかと医師に疑われた際の知能検査で発覚した。小学5年生の頃の知能検査では健常者と知的障害者のボーダーラインだったため、当時の担任が保護者会で親に伝えるか悩んだ末、伝えなかったことがのちに判明したという。

「障害者雇用で就職をしようと、知的障害の手帳を取ろうとしたところ、当時の主治医には『君はボーダーラインだから、知的障害で手帳は取れないよ』と言われました。でも、保健師さんが熱心な方で、より手厚い制度を受けられる知的障害の手帳を取ろうと、母親の証言を求めてきました。しかし、母は証人になれないと言ってきました。そこで保健師さんは、私が子どもの頃のIQや成績を調べるために、当時の小学校の担任の先生を探してきてくれたんです。でもやっぱり、審査が下りなかったので、二次障害として併存していた精神障害のほうで手帳を取りました」

仕事が続かず引きこもり生活へ

子どもの頃は人の輪に入れない、同世代の子と仲良くできない、集中力がないといったことを通知表に書かれていたマナミさん。高校では学校へ行くこと自体に疲れてしまい不登校になったため、定時制高校へ編入し、社会福祉の専門学校へ進んだ。卒業後は福祉関係の仕事には就かず、学生時代から勤務していた書店のアルバイトを継続。しかし、店舗が閉鎖したことや生まれ育った地元に戻りたいという思いから引っ越し、転職もした。コールセンターや携帯販売、旅行会社の事務などさまざまな業種の派遣を経験したが、3か月以上仕事が続かない。仕事が覚えられないため、派遣の更新がされないのだ。「今になって考えてみると、マルチタスクを要されるこれらの仕事は発達障害の人が一番苦手な仕事だった」とマナミさんは語る。次第に彼女は引きこもりになってしまった。

ひとり暮らしで引きこもっていたというが、食事などはどうしていたのだろうか。この質問には、引きこもり当事者や、その家族の髪型やファッションのスタイリングを行うプロジェクト「引きこもりトータルビューティー」を立ち上げた、ライフスタイリストの乃浬子さんが答えてくれた。

「引きこもりには完全に家から出られないステージもあれば、〝コンビニくらいはOK〟というステージもあります。マナミさんの場合、コンビニには行けるレベルで、食事はコンビニで済ませていたとのこと。コンビニでは会計時に店員さんと接するだけで特にコミュニケーションは要しませんよね。どの段階からが引きこもりという線引きをするのではなく、コミュニケーションが極端に苦手になってしまった人たちを引きこもりと呼ぶのだと思います」

かく言う乃浬子さんも昔は生きづらさを感じ、引きこもりならぬ〝外こもり〟をした当事者だ。20代の頃は広告スタイリストとして働いていた乃浬子さんだったが、それは生きづらさを麻痺させるために活躍していたのだと語る。そして、日本にいることに限界を感じ、ニューヨークへ〝外こも〟った。現地で学校へ入り直すと、インテリアデザインを学び、インテリアの会社とジュエリーの会社に勤め、12年間ニューヨークで過ごしたのち、帰国した。

「引きこもりというと、どうしても男性が目立つのですが、それは同性同士の親子の影響が強いとされているから。多くの父親は外に働きに出ていくため、男性は家にこもりやすい。一方女性の場合は、母親との関係が生きづらさを生むため、実際に海外に行かなくても、社会の中で外こもってしまい、バリバリと働き詰めてご自身を疲弊させてしまうケースも多いのではないでしょうか」

引きこもっていたマナミさんだったが、なんとか引きこもりから脱しようと発達障害当事者の自助会や引きこもりの当事者会に参加しはじめた。さまざまな会に参加しているなかで乃浬子さんと出会い、自分はオシャレが大好きであることを実感した。

「引きこもりの方は美容室で『どんなお仕事をされているんですか？』という質問が胸に刺さるから嫌いという方も多いのですが、私は小さい頃から美容室が大好きです。今担当していただいている美容師さんはフレンドリーな方で、夏はバーベキューをしたり、富士山に一緒に登ったりできます。子どもの頃は友だちがいなかった私が今、友だちと遊べるような感覚を味わえて、とても楽しいです」

当事者同士のハラスメントに悩まされる

だんだんと社会とつながりを持っていったマナミさんだったが、発達障害の自助会でハラスメントを受けたと語る。

「最初は楽しく参加し、情報発信のスタッフなどもやっていました。そして、一年ほど経った頃、自助会の方から『マナミちゃんは今後どうしたいの？』と聞かれたので、いろいろと悩みました。その数年前に父を亡くしたのですが、亡くなった日の夜、『もうお父さんがいないのだから、マナミも自分のことは自分でやりなさい』と真面目な顔で姉に言われたことを思い出し、きちんと自活できるよう働きたいと思いました。そして、就職に向けて力を入れはじめたり、引きこもり当事者の会の運営に参加しはじめたりしたら、発達障害自助会の方が『自助会の活動より就職を優先したのか！』とか、『なんで若い子が他の団体の運営にかかわっているんだ、調子に乗るだけだ！』と激怒したらしいんです。その後、攻撃的なメールが来たり、私のことを良く思っていないと分かるような内容のＳＮＳの投稿なども見かけました」

また、障害者手帳を取る際もハラスメントがあったとマナミさんは強く主張する。ピアサポーターの男性から、手帳取得とは関係ない連絡が何度も来たり、セクハラにあたる発言をされたりして苦しんだ。ピアサポーターの男性も発達障害当事者だった。

定型発達の人でも、セクハラの定義や男女の距離感については難しい場合がある。衝動性や独特なコミュニケーション法の特性からセクハラトラブルが起きてしまったというケースを、他の当事者からも聞いたことがある。もちろん、特性は人によって濃度が違うので、発達障害当事者全員が全員、トラブルを起こすわけではないことは、はっきり言っておきたい。

当事者支援や自助会についてはさまざまな考えを持つ方がいるため、その分少しずつ違ったコンセプトの当事者会が存在している。「当事者が一番悩んでいるのは就労なので、当事者の生き様だけでなく、もっと就労に関する役立つ情報を発信してほしい」という意見をいただいたこともあった。しかし、就労だけがゴールではないと乃浬子さんは語る。

「もう時代は変わってきています。就労がゴールという捉え方の方はまだまだ多いのですが、それは人それぞれ違うと思うのです。現にハーバード大学を卒業された『ポジティブ心理学』の第一人者ジョン・エイカー氏が、スーパープレゼンテーションで『就職（成功）したら幸せになる時代ではない、幸せになったら成功できる時代だ』と言っていました。幸せに感じたところから自己受容が起こり、自己肯定感が高まって、自己開示につながり、そして相手のために自己表現をすることで他者と繋がっていくので、結果的に〝就労〟という形になるんです。自己受容がはじまる前段階で、無理やり就職をしても長続きすることはかなり難しいと感じています」

仕事をしながら発達障害に関する情報を発信したほうが説得力がある

現在、マナミさんは希望していたアパレル会社に就職。商品管理の業務を行いながら、大好きなオシャレを日々楽しんでいる。この日も「和」を伝えたいと、色の心理学では平和や癒やしを表すという、緑色のワンピースを身にまとい、髪の毛にも可愛らしい緑色のリボンをつけていた。

当事者のなかには、マナミさんが代官山などのオシャレな美容室に通うことを批判する人もいたという。しかし、「引きこもりに限らず、自尊心の低さ故、自分なんかがオシャレを楽しんではいけないと思い込んでいらっしゃる方がとても多いのが現状です。そんな皆様に外見を変えることで内面も劇的に変化することを伝え続けたい」と乃浬子さん。マナミさんは今後の目標について、こう語る。

「今後はできるだけ長く、今の会社を続けることが目標です。ファッションと美容についてはもっと学びたいし、そのために学校にも通い直したいです。自助会のお手伝いよりも就職を優先したことで嫌味を言われたこともありましたが、きちんとお仕事をした上で発達障害に関して発信をしたほうが、説得力があるのではないかと思います」

生きづらさの緩和を求めて参加した自助会や、障害者手帳を取る際に起こったハラスメント。

今まで発達障害の特性による生きづらさにスポットを当ててきたが、特性は人それぞれであり、それが複雑に絡み合った末の生きづらさとなっていることを実感した取材だった。

しかし、今回は自助会側には話を聞いていないため、自助会側にもまた何か事情があった可能性もないとは言い切れない。マナミさんにはファッションと美容という、大好きなモノがある。そして、自立のための仕事も続けられている。今後、マナミさんの生きづらさはますます開放へと向かうのではないかと感じられた。

第２部 私は生きづらさを抱えている

オーバーワークと異変

フリーライターとして5年目の2017年11月。ありがたいことに仕事は順調。でも、精神はギリギリの状態だった。自分にはライターという仕事しか能がないと思っていたので、ほぼ休むことなく、遊ぶことなく仕事を詰め込んでいた。今思うと完全にオーバーワークなのだが、どんなに仕事が立て込んでいても絶対に締切に遅れることはなかった。遊ぼうと決めた日でも、自分が遊んでいる間にも締切はジリジリと近づいてくるので落ち着いて楽しめないし、週刊誌の仕事はタイトなスケジュールなので突然取材が入る。恋人も長らくいないので精神的な支えがない。しいて言えば「仕事ができる自分」が心の支えだった。でも、フリーという働き方を選んだのは自分なのだから、仕事一本でたくましく生きていくべきだと思って突っ走っていた。気づいたら、アルコール度数の高いお酒を酩酊状態になるまで飲むか、セックスをするかでないと眠れない身体になっていた。

そして年明け2018年1月、プライベートで追い打ちをかけるようなショックな出来事が起こり、私の心は音もなく崩れ落ちた。もう4日間眠れない日々が続いている。頭も体も疲れているはずなのに、布団に入ってもまったく眠れない。このままずっと眠れないのだろうか……。食欲もなく、胃が何も受け付けない。胃液がこみ上げるが、胃が空っぽなので何も出てこない。しかし、眠れない、食べられないなかでも仕事は追いかけてくる。担当している週刊誌の入稿がすぐそこに迫っていた。今すぐにでも眠りたい。でも眠れない。眠らないまま取材に出かけ、いつも通り取材をこなして帰宅。原稿執筆に取り掛かろうと自宅のデスクに向かった。

と、そのとき、か細い女性の歌声が聞こえた。耳を済ませてよく聞いてみると、「アンパンマンのマーチ」を歌っている。どこから聞こえてくるのか出どころを確かめようと、低く唸っていた部屋の暖房器具を全部消して無音状態を作ることにした。最初は外から聞こえているのかもしれないと思ってベランダに出るも、大通りの車の音しか聞こえない。部屋に戻り、耳を澄ませようとすると、自然に体勢が低くなる。その体勢のまま、部屋中をゆっくり這うように歩き回った。飼い猫が私の奇異な動きを不審な目で見つめていることに気づく。アンパンマンのマーチは聞こえたり、途切れたりする。結局、その歌声の元は分からなかった。そして、もしかしてこれは幻聴なのではないかという結論に至った。

デスクに戻り、幻聴によるアンパンマンのマーチをＢＧＭに原稿を書く。心療内科の受診経験がある週刊誌の担当編集に「今、幻聴が聴こえる状態です」と伝えると、「時間がかかってもいいから一緒に頑張ろう」と言ってくれて、締切の時間を延ばしてくれた。ボロボロ泣きながら原稿を書き上げ、当初の締切の時間に間に合わせた。

心療内科を受診

週刊誌の入稿が終わって1週間後、私は心療内科の待合室にいた。本当は幻聴が起こった時点ですぐに病院を受診したかったが、口コミで評判の良い病院はどこも、初診だと1週間後の予約しか受け付けていなかったのだ。この1週間で体重は3キロ落ちて42キロになっていた。もともと小柄なほうなので、これ以上体重が落ちると痩せすぎだ。待合室で問診票を記入する。家族構成や現在の症状、今まで精神科や心療内科にかかったことはあるか、家族に精神疾患にかかったことのある人はいるかなどを記入する欄があった。その後、問診票を元に看護師よる話の聞き取りがあった。看護師には、問診票よりもさらに詳しく、育った環境や今の病状、心を病んでしまった理由を45分ほどかけて話した。

看護師からの聞き取りの後、医師の診察があった。穏やかにか細い声で話す、40代くらいの少し頭が薄くなった男性医師。医師から幼い頃の記憶を聞かれた。ふいに口から出たのは、3歳の頃から高校2年生まで習っていたピアノのレッスンのことだった。ピアノの演奏自体はうまくなかったが、美しい旋律の曲を弾くこと、そして何より先生のことが大好きだった。ほがらかでユーモアたっぷりのおばちゃん先生。ピアノなんてもう10年以上弾いていないし、習っていたこと自体すっかり忘れていたのに、このタイミングでなぜ出てきたのか、本当に分からない。

自分は空気が読めていないように思える、異性との距離感が分からず、まともな恋愛ができないから荒療治のために風俗店で働いてみたこと、いまだに親からの指示がすべて正しいと思って親の顔色をうかがい、自分を殺しているときがあることなどを淡々と伝えた。

ピアノの件について医師からは「同じ先生でここまで長い期間続いたということは、あなたは本来、人付き合いはうまいタイプ。空気を読めないのではなく、読みすぎて生きづらくなっている。もし、本当に空気が読めないのならば、人間関係においてもっとトラブルを起こしている」と言われた。

また、発達障害当事者へ取材をしていること、自分はASD、そして暗算ができないため

ＬＤではないかと疑っていることも医師に伝えた。医師からは「こうやって話をしている限り、極端な性格の面は少しあるように思うが、発達障害だとは感じない。暗算ができないというのも、誰だって焦ったらできない。ただ、発達障害については後日、臨床心理士に心理検査をしてもらわないと詳しいことは分からない」と言われた。自分は発達障害かもしれないと思っていたので、その検査をぜひ受けたいとお願いした。

その日は抗不安薬を2種類処方され、就寝前に飲むように言われた。薬は驚くほど効果を発し、ぐっすり眠れた。

それ以降、メンタルのケアのため2週間おきに通院をすることになった。心理療法で、毎回驚くほど心が軽くなっていくのを感じた。そのなかで、「発達の偏りというより中高時代の心の傷から生きづらさが生まれている可能性がある」と指摘された。心の傷と言われてもピンとこなかったのだが、心理学系の本を読み漁ったところ、医師が言っていたのはＰＴＳＤ（心的外傷後ストレス障害）だったと気づいた。その次の診察時に「いろいろ本を読んで調べたのですが、私はＰＴＳＤなんですか？」と聞いたらそうだと言われた。医師は専門用語を使わず分かりやすい言葉を選んでいただけだったようだが、私にとってはストレートにＰＴＳＤと言われたほうが分かりやすかった。

発達障害かどうか検討をつける心理検査は臨床心理士の都合で1か月ほど先になった。検査は合計3回で、結果はすべての検査が終了して約4週間後に出るという。長らく放置していた発達障害疑惑を、こうした形で検査することになるとは思わなかった。

自分が発達障害なのではないかと疑う理由

【ASDらしき特性】

- 小学校低学年の頃、クラスになじめずに癇癪《かんしゃく》を起こしたことがあった。
- 小学生の頃、外でみんなで遊ぶより教室でひとり本を読んでいるほうが楽しかった。
- 算数がまったくできないが、国語、特に作文がよくできていたので、能力に偏りがあるように思う。
- 自分が正しいと思っていることより、人に指示されたことに従ってしまう。
- 騙されやすい。
- 人がイライラしている様子を汲み取れない。

・貯金ができない。衝動買いが多い。
・物事は白黒はっきりしていないと気が済まない。
・何気ない会話において、本気なのか冗談なのか違いが分からないときがある。
・嘘をつけない。自分にとって損になると分かっている場合でもすべて正直に話してしまう。
・原稿の締切は必ず守るが、チェックを依頼している原稿の戻しの納期が遅れるとイライラする。
・環境の変化が苦手。会社員時代の泊まりがけの研修は、総務部の上司に相談して自宅から通った。
・興味のあるものとないものとの差が激しい。
・TPOに適した格好ができないことがあった。

【過去にあったADHDらしき特性】

・忘れ物が多かった（小学生の頃）。

【LDらしき特性】

- 極端に暗算ができない。大学時代にアルバイトをしたパン屋は人の往来の多い駅のホームにあったので、「レジではなく暗算をしたほうが早い」という理由から、暗算で会計をしないといけなかったが、暗算ができなくて1か月で辞めた。
- 小学校中学年の頃、数字の「1」という概念が分からなかった。なぜ分からない数字を仮に1とするのか疑問で、そこから進められなかった。

1回目の心理検査

第1回目の検査を受ける日がやってきた。その日までに記入しておくよう言われていた「SCT」と「P-Fスタディ」という2冊の冊子を持参した。

マスク姿の女性の臨床心理士に、いつもの医師の診察とはちがう小部屋に呼ばれ、椅子に座るよう促された。デスク越しに臨床心理士と向き合う。心理士の年齢は私と同じくらいか、少し上くらいだろうか。心理士が口を開いた。

「花粉症なのでマスクのまま失礼します。今日は体調などいかがですか？」

「私も花粉症なのでマスクのままですみません。体調は特に変わったことはありません。こちらの冊子、記入してきました」

そう言って冊子を差し出した。

「ありがとうございます。これを書いている途中、気分が悪くなることはありませんでしたか？」

「いえ、特にありませんでした」

「分かりました。今日の心理検査でも、途中気分が悪くなったら遠慮なくおっしゃってください」

そのようなやり取りの後、心理検査がはじまった。持参した冊子はその日の検査では使わないようだった。心理士が箱からカードを1枚ずつ取り出し、そのカードが何に見えるかを聞かれた。抽象的なイラストばかりで難しかったが、「骨盤」、「転んでいる女性」、「コウモリ」、「大陸」、「下着姿の女性」、「向かい合っている人」、「ラスボス」、「紅葉している葉っぱ」、「怪獣」などと答えた。続いて、なぜそれらのイラストがそのように見えたかを聞かれたので、指を差しながら「この部分が骨盤の出っ張っている部分に見えた」とか「この部分がコウモリの羽に見えた」などと答えていった。

そして、カードの一部を隠され「この部分を隠すと蛾や蝶に見えませんか?」とも聞かれたが、私にはそう見えなかったので「見えません」と答えた。また、カードを全部並べられ、どのカードが自分で、どのカードが家族や親戚に思えるか理由と共に答えるよう言われた。自分は黄色やオレンジ色の服が似合うと言われることが多いので紅葉した葉っぱに見えたカード、父はドスドス音を立てて歩くので怪獣に見えたカード、母はおっちょこちょいなところがあってすぐ転ぶので、転んでいる女性に見えたカード、祖母は細くて小さいのでコウモリに見えたカードと答えた。

最後に、どのカードが好きで、どのカードが嫌いかを問われた。少し考え込んだ後、向かい合っている人のように見えるカードは、同じような人が敵対心、もしくはライバル心を燃やしているように見えるので嫌いだと思えた。また、好きなカードには動物が好きなことからコウモリに見えたカードを選んだ。

そして、その流れから家族について聞かれた。

「家庭でのしつけは厳しかったですか?」

「オシャレに興味を持ちはじめた小学4年生の頃、友だちの家でピアスシールを耳たぶに貼って帰ってきたら『チャラチャラするな』と父に怒られました。母からは食事のマナーについて言われることが多かったです。例えば、お茶碗は左手の親指を縁にかけ、残りの4本の指を底に添えて正しく持つこと、口を開けて食べないとか。将来、デートのときに困らないよう、食事のマナーはきちんとしなさいと言われました」

するとと心理士は「デートのときに困らないように?」と聞き返してきたので、そうですと答えた。

家族についての最後の質問は「家族や親戚で精神科を受診したことのある人はいませんか?」だった。去年亡くなった父方の祖母が65歳の頃に精神疾患を発症したことを話した。当時私は小学3年生だった。私に対して暴言を吐いたり、幻聴や幻覚で大騒ぎをする祖母の姿に怯えた。あちこち病院を転々とした結果、最後にくだされた病名は統合失調症だった。晩年は寝たきりになり、認知症の症状のほうが統合失調症よりも大きく出るようになったので、統合失調症の症状を意識することは少なくなった。

この日の検査は一時間ほどで終了した。

SCT
（文章完成法）

Sentence Completion Techniqueの略で、未完成の文章の続きを考えて書くテスト。深層心理や性格の傾向を判断する。ぱっと思いつかない問には、番号に丸をつけて後回しにし、再度考えて完成させる。

No.358

NO.

慶応義塾大学 佐野勝男 槇田仁 共著

精研式文章完成法テスト

SCT®

記入月日 2018年 1月 28日

フリガナ	ヒメノ ケイ	生年月日	1987 年 9 月 7 日生
氏名	姫野 桂	男 女（女に丸）	（満 30 歳 4 月）

記入のしかた

この表紙をめくると，いろいろ書きかけの文章が並んでいます。それをみて，あなたの頭に浮かんできたことを，それにつづけて書き，その文章を完成して下さい。

〔例〕

外国 へ行って、いろいろ変わった風景を見たい。買い物も楽しいと思う。

本を読むと 人生について考えさせられることが多いです。一生のあいだにどれぐらい読めるだろう？

このように，あなたの感じたことを，思うままに書いて下さい。できるだけ早く１から順にやって下さい。もし，すぐ浮かばないものがあったら，その番号に○をつけて後回わしにし，先へ進んで下さい。全部終わったら，実施者の指示に従って，裏面の備考欄に記入して下さい。

Part Ⅰ

1 子供の頃，私は 作文でよく賞をとっていた。

2 私はよく人から 優しいと言われる。

3 家の暮し は実家はわりと豊かだ。

4 私の失敗は大学受験、就活。

5 家の人は私を 心配している。

6 私が得意になるのは 仕事がうまくいったとき。

7 争い事はなるべく避けたい。

8 私が知りたいことは 人が感じていること。

9 私の父 は変わっている。

10 私がきらいなのは 古いルール。

11 私の服 はちゃうとはんぱだ。

12 死 人に口なし。

13 人々 はいろんな意味で怖いけど、時に強い。

14 私のできないことは 計算、とくに暗算。

15 運動 はやるまではめんどうだが、やってみると気持ちが良い。

16 将来 幸せになりたい。

17 もし私の母が 死んだら悲しい。

18 仕事 は楽しい。

(19) 私がひそかに 考えているのは、かわいい動物に囲まれて暮らすこと。

20 世の中 正直者や正しいことをしている人ばかり損をする。

(21) 夫 になる人は私を包んでくれる人がいい。

22 時々私は ひどく落ち込む。

23 私が心をひかれるのは 美しいモノ、かわいいもの。

(24) 私の不平は 努力が必ず実るわけではなく、ズルをした人が成功する場合もあること。

25 私の兄弟《きょうだい》（姉妹） はしはない。

26 職場では 浮いていた（会社員時代）

27 私の顔 は整っている。

28 今までは 視野が狭く、人のことを気にして自分を守っていけなかったが、これからは変わる。

29 女 はおもしろい。

30 私が思いだすのは かわいがっていた猫が死んだこと。

ここまでで書いていないところはありませんか。たしかめてからつぎへすすんでください。

Part Ⅰ

P-Fスタディ
（絵画欲求不満テスト）

Picture Frustration Studyの略で、日常で遭遇する欲求不満の場面において、イラスト内の人物がどう反応するか吹き出しに書き込むテスト。対人場面に対する性格の傾向を分析する。

原著者　ワシントン大学名誉教授　Saul Rosenzweig
日本版作成者　代表：文学博士　徳島文理大学名誉教授　林　勝造

P－Fスタディ

（Rosenzweig Picture-Frustration Study　日本版）

成　人　用　（15歳以上）

名《な》　前《まえ》　姫野桂　　　性《せい》　別《べつ》　男・（女）
生年月日《せいねんがっぴ》　1987年9月7日　　　学《がっ》　校《こう》　学校　年　組
検《けん》　査《さ》　日《び》　2018年2月4日　　　所《しょ》　属《ぞく》
年《ねん》　齢《れい》　30歳　5カ月

例《れい》

説明《せつめい》

左《ひだり》の絵《え》を見《み》てください。

「**この帳簿《ちょうぼ》のつけ方《かた》は何《なん》ですか！**」といって，右側《みぎがわ》の男《おとこ》の人《ひと》が非難《ひなん》されているところです。

この右側《みぎがわ》の男《おとこ》の人《ひと》がそれに対《たい》して一体《いったい》なんと答《こた》えるでしょうか？ この人が答《こた》えると思《おも》われる言葉《ことば》を，空《あ》いている四角《しかく》い枠《わく》の中《なか》に書《か》きこんでください。一番《いちばん》はじめに思《おも》いついた言《こと》葉《ば》を書《か》きこんでください。

ページをめくると、こんな絵《え》が1から24までありますから、このように、空《あ》いている枠《わく》の中《なか》に、次々《つぎつぎ》と順番《じゅんばん》にできるだけ早《はや》く書《か》いていってください。

服《ふく》に はね をかけてしまって ほんとうに すみません。できるだけ 水《みず》たまり をよけて通《とお》ろうとしたんですが——。
いいですよ。あとで洗いますから。
1.
あら 大変《たいへん》だわ！ あなたが 今割《いまわ》ったのは， 母《はは》が 大切《たいせつ》にしていた 花瓶《かびん》なんですよ。
ごめんなさい。弁しょうします。
2.
前《まえ》の人《ひと》の帽子《ぼうし》が邪魔《じゃま》になって見《み》え難《にく》いでしょう？
うん。全然見えない。運が悪い。
3.
折角《せっかく》送《おく》って来《き》たんですが 車《くるま》の故障《こしょう》で汽車《きしゃ》に間《ま》にあわず申《もう》しわけありません。
どうしてくれるんだ。今日は絶対ちこくできない用があるの
駅
4.

つい一週間前《いっしゅうかんまえ》に買《か》ったまっさらの時計《とけい》ですのに これで三回《さんかい》も なおしにきてるのですよ。いつでも家《いえ》にかえるとすぐ止《と》まってしまうんですわ。
申し訳ありません。元々不良品なのかもしれません。
5.
四冊《よんさつ》もっておられるけれども図書館《としょかん》の規則《きそく》では一回《いっかい》に二冊《にさつ》しか 持《も》ち出《だ》しを 許《ゆる》されて いないのですが——。

どうにかして4冊持ち出す方法はありませんか?
6.
でもね それはちょっと 言《い》い過《す》ぎじゃ ありませんか?
悪いことはきちんと悪いと伝えなきゃ。
7.
君《きみ》の女友達《ガールフレンド》が明日《あす》遠足《えんそく》の仲間《なかま》に僕《ぼく》を招待《しょうたい》してくれたよ。彼女《かのじょ》は君《きみ》が行《い》くことにはなっていないといっていたがね——。

マジで!? うらぎられた!!
8.

2回目の心理検査（WAIS-Ⅲ前半）

第2回目の検査は1か月後に行われた。その日の前日、遅くまで自宅で飲酒をしていて若干二日酔い気味で頭がぼうっとしていた。前回の心理検査はあまり深く考えずに答えるものだったので、今回もそんな感じで体調は万全ではないけどイケるだろうと気楽にかまえていた。

前回と同じようにマスク姿の心理士に呼ばれて部屋に入ると目の前にあったのは「WAIS-Ⅲ」と書かれた箱とついたて（おそらくこのついたての内側にテストの回答があり、見えないようにしている）。えっ、当事者インタビューで散々話に出てきた発達障害の傾向の有無を見るテストの、あのWAIS-Ⅲを今日やるの!? そんな心構えできていないんですけど!!

心理士が口を開いた。

「今日の体調はいかがですか？」

「少し寝不足です」

なぜか二日酔い気味のことを隠してしまった。検査の前日に深酒をしたろくでもないヤツと思われたくなかったのだと思う。

心のざわつきがおさまらないまま、テスト開始。この日のテストは想像以上に量が多かった。後で知ったことなのだが、ＷＡＩＳ-Ⅲはぶっ続けで行う機関と前半と後半に分けて行う機関があり、私が受けた病院は後者だった。そして、若干前半のテストのほうがボリュームがあるということだった。

イラストを見て足りない部分を見つける間違い探しのテスト、言葉の意味を答えるテスト、イラスト通りにブロックを組み立てるテスト、同じ記号を見つけてできるだけ早く記号を書き取るテスト、数字を短期間で覚えるテスト、口頭で答える一般常識の算数や歴史、理科などのテストが次々に行われた。

どのテストもだんだん難易度が上がっていく仕組みだった。間違い探しでは分からないものが3点ほどあった。途中まではわりと順調にテストに答えられていったが、ブロックをお手本のイラスト通りに組み立てるテストで難しいと感じはじめた。ひらめくとすぐに組み立てられるが、半分ほどできなかったように思う。

そして極めつけは暗算だった。ほぼ全滅。まったくできない。おそらく、紙に書けばできるはずなのだが口頭で聞かれるので、頭のなかで計算することができない。頭がパンクしそうになり、心理士に「脳が数字を拒否するんです」と伝えた。心理士は「脳が拒否、ですか？」とオウム返ししてきたので、「そうです、拒否します」と答えた。

また、中学生レベルの一般常識のテストも一問ド忘れをしてつまずいたところからどんどん焦りが生じ、本来なら答えられるはずの歴史の問題を答えられなかった。なぜ、あんなに歴史の成績が良かった私が答えられないのか!? もしかして、私は極端にIQが低いのではないかとどんどん不安が募ってくる。不安に襲われながら、WAIS-Ⅲのテストは終了。

最後はあらかじめ書いてくるよう言われた「仕事で困ること」の書類をもとに心理士から質問を受けた。企業の採用ページの仕事で社員にインタビュー時、「お固い仕事だから真面目にやらなきゃ」という思いから、一切相手と雑談をせずに進めていたら相手の緊張をとけていないことに気づかず失敗をしてしまったこと（空気を読めなかったことに通ずる）、TPOに合った服装ができなかった過去について話した。

テストは2時間ほどで終了。どっと疲れた。時刻はもう15時過ぎ。お昼を食べていなかったのでお腹もすいている。そして、一般常識の問題や算数の問題ができなかったことへの不安がますます膨らみはじめた。もしかして自分は知的障害者なのではなかろうか。汗がダラダラと流れ落ちはじめ、パニックに陥った。しかし、こんなときでもお腹がグ～と鳴っている。とりあえず何か食べよう。フラフラと雑居ビルのなかの中華屋に入るも「モウ今日ハ終ワリダヨ！」

と、中国人の女性店員に怒鳴られてしまった。ビルを出て、目の前にあった松屋に入ってカレギュウの食券を購入。トイレも我慢していたので、松屋のトイレで膀胱を開放させた。トイレから戻ると席にはカレギュウが待っていた。スプーンで口に入れるも、味がまったく分からない。相変わらず首筋には汗が流れ落ちている。カレーのからさの作用なのかパニックの作用なのか分からないが、おそらく後者であろう。とにかくカレギュウをかきこむ。私は頭が悪いのだろうか。首元は汗で冷えている。

カレギュウをたいらげ、松屋を後にした。自宅まで徒歩約10分の間に自分は知的障害者なのかどうか考えた。よく考えると、自分は中学からセンター試験の問題を解かせるような中高一貫の進学校卒だし、そこそこの偏差値の大学を卒業している。知的な問題はないはずだ。そう結論づけた。そして、その日は夜から週刊誌の取材で新橋にて街頭調査が入っていたので、一旦帰宅後準備をして出かけ、3時間ほど新橋駅前で取材を行った。知らない人に声をかけて、今回の特集のテーマである「見た目を気にしなくなった中年男性」にどんな印象を持っているか聞き、顔出しの交渉を行ってカメラマンによる撮影。目標であった20人、取材と撮影に成功。断られた人を含めると、総勢40人くらい声はかけたと思う。声かけをするのは勇気がいるし苦手だが、きちんとこなせている。仕事と思えばコミュニケーションはどうにかなる。でも、企業のインタビュー現場ではどうにもならなかった。この差はなんなのだろう。私は発達障害なのか、ただの性格の範囲内なのか。

3回目の心理検査（WAIS-Ⅲ後半）

3週間後、最後の検査の日がやってきた。前回は体調自体万全ではなかったので前日の飲酒は控えた。睡眠もたっぷりとりたかったのだが、なかなか寝付けず、やはり今回も睡眠不足気味で挑むことになった。

心理士と向き合う。季節が巡って花粉症シーズンが終わり、心理士はマスク姿ではなかった。はじめて、この心理士の目から下の顔を見た。私もまた、花粉症シーズンが終わったのでマスクのない顔面だ。心理士がWAIS-Ⅲと書かれたついたてを立てる。そう言えば今回は「なぜ自分が発達障害と思うのか」を書いてまとめて持ってきてくださいと言われていたので、A4用紙8枚に渡る書類を心理士に渡した。心理士に渡す前、担当編集のM氏に見せていたのだが「こんなに長く書く人なんていないのでは？　ようやく全部読んだ」と言われた。検査に必要なものなのだからなるべく詳しく例も入れたほうがいいと思ったのだ。自分のなかでは特に長いという意識はなかった。

「長くてすみません……」

そう言って心理士にホチキス留めした8枚の書類を渡した。心理士は一旦ついたてをしまって書類に目を通しはじめた。軽く斜め読みするだけかと思ったら、時間をかけて読んでいる。その間、私は手持ち無沙汰でなんだか居心地が悪く、もぞもぞと足を動かしたり宙を眺めたりして過ごしていた。

「ありがとうございます。とても検査の参考になります」

3分ほどで心理士は私の書類を読み終えた。そして、再びついたてを立て、前回同様、体調について聞かれた。

「今日の体調はいかがですか？」

「前回、実は少し二日酔い気味だったのですが、今日は大丈夫です。ただ、少し睡眠不足気味です」

「何時間くらい寝ましたか？」

「6時間くらいです。睡眠によってパフォーマンスの発揮具合が違いますが、今日は大丈夫だと思います。前回は二日酔い気味だったせいか、普段ならできるはずの歴史の問題ができなかったので、検査後に一時間くらいパニックに陥ってしまいました」

「二日酔いと睡眠不足によって、どのくらいパフォーマンスが落ちていたと思いますか？」

「普段が10だとすると、7くらいしか力を発揮できていなかったと思います」

「分かりました。では後で、少しだけ前回のテストをやり直してみましょう」

この日は提示された記号を見つけるテストや、バラバラになっているイラストを4コマ漫画のように並び変えてストーリーを口頭で説明するテスト、述べられた数字や仮名を若い順や50音順に述べるテスト、道徳性のテストが行われた。数字や仮名は言われた数字と仮名を一瞬で覚えなければならないので少し難しく感じたが、他のテストはわりとできたように思える。特に、道徳性のテストは考えないとできないのでおもしろかった。例えば「食品に添加物や保存料、着色料が入っている場合、それをパッケージに表記しないといけないのはなぜですか？3つ理由を答えてください」「民主主義において、言論の自由・出版の自由があるのはなぜですか？」というもので、興味深く考えながら答えられた。

最後に、前回は体調の都合でパフォーマンスを発揮できなかったと告げたことから、前回のテストがもう一度行われた。しかし、私ができなかったように思えた一般常識のテストではなく、述べられた数字を覚えて答えるテストだけだった。最初は2桁からで、例えば「6・4」と言われたらその通りに答える。これに、どんどん桁数が増えていく。そして、8桁あたりのところで怪しくなった。述べられた数字を逆から答えるバージョンもあった。例えば「6・4」だったら「4・6」と答える。これもどんどん桁数が増えていく。この短期記憶のテストに関しては、前回と今回、正答率はそう変わらないような気がした。

そして、はじめに提出した8枚に渡る書類をもとに、もっと詳しい聞き取りがはじまった。前回のテストがあまりできなかったように思えたことから「自分は知的障害者なのではないか」と悩んだことを話すと「知的障害はありません」とはっきり言われたので、これだけでとても心が落ち着いた。

心理士には自分は依存体質気味であり、ホストクラブにハマりかけていること、ライター業でそれなりに暮らしていける程度の収入があるのに貯金ができないこと、人によく思われたい、きっとプライドが高いところがあると思う、など、書類に書いていないことも話した。人によく思われたいからこそ、前回のテストで二日酔い気味であることを隠したのだ。他にもさまざまな質問を受け、それに答えた。

「きっと、何かご自分のなかで納得されないと次に進めない特性があるのかもしれませんね」

そう心理士が告げた。すべてのテストが終わった。結果が出るのは約1か月後。結果が待ち遠しいが、発達障害でなかった場合の不安もまたある。生きづらさの原因がPTSDのみではなさそうな気がする。

検査結果

心理検査から約1か月後、検査結果を聞く日がやってきた。いつもの2週間に1回の診察の際に、検査結果について医師が説明してくれるという。主治医はひとりひとりの話をじっくり聞くので毎回予約を入れた時間から3、4時間は待つ。この日は15時半予約だったのだが、結局自分の診察の時間が回ってきたのは19時過ぎだった。

「姫野さん」

いつものか細い声で呼ばれて診察室へ入る。

「この2週間、どうでしたか?」

毎度の質問に、2週間で起こった出来事を話す。実は前回の診察の3日後に急性虫垂炎で手術、5日間入院したのでそのことについて話した。

話が終わると医師は心理検査の結果の書類をデスクに広げた。

「本来、患者さんにはこちらの書類1枚しかお渡ししないのですが、姫野さんの場合、発達障害の取材もされていて専門用語も分かると思うので、特別にこの詳しい報告書とWAIS-Ⅲの結果もお渡しします」

医師のデスクに身を乗り出すようにして書類をのぞきこんだ。


私は発達障害当事者だった。

一般的には言語性IQ（経験や学習のなかで学んできた結晶性知能）と動作性IQ（目の前の状況に対応できるかという流動性知能）の差が15以上あると凹凸のある発達障害と言われている。私の場合は「言語性IQ>動作性IQ」でその差が20あり、数値だけで見るとグレーゾーンであるが、報告書にははっきりと「患者は発達の偏りを有していることが示唆された」と書かれている。特にLD（学習障害）の可能性が高いとされ、医師によるとLDはほぼ確定とのことだった（WAIS-Ⅲはあくまで、発達障害の傾向があるか参考にするためのテストであるため、断言はできない)。LDは知的な問題はないのに読み書きや計算に困難が生じる障害で、私はそのなかの「数学的思考」が欠けていた。いまだに2桁以上の繰り上がり・繰り下がりのある足し算と引き算の暗算ができない。

そして、不注意傾向や視覚と聴覚からの情報処理を苦手とする傾向から、ADHDとASDも部分的に特性が見られたため、「LD+ADHD傾向+ASD傾向」ということになる。特に視覚情報からの処理能力が一番苦手で、全体よりも細かな点に目がいってしまうため、優先順位を決められないと判明。その結果、すべてにおいて100%の力を注ぎ込むことで完璧主義になり、私は生きづらくなっているらしい。このストイックさが仕事においてはうまく作用している一方、プライベートにも完璧を求めるので、「まずはプライベートで自分を優先する時間を作ってみてはいかがでしょうか」と、医師。LDとASDについては自覚があったが、ADHDはまったく自覚がなかったので驚いた。

聴覚からの情報処理が苦手な件に関しては、思い返すとたしかにそうだと思った。何かを言われてから数秒間考えていることがよくあり、考えているうちに次の話題にうつっている。インタビューの仕事は録音を聞く限りテンポ良くこなせているものの、文字起こし原稿を読んだときのほうがしっくり来る。おそらく、耳からではなく文章を読んで理解をすることのほうが得意なのだろう。また、聞き間違いも多いため友人からは「天然」と言われることもある。

先日は友だちが「彼氏がボーナス出たからダイソーの掃除機買ってくれるって！」と言ったので、百均のダイソーに掃除機なんてあったっけ？　と思ったら「ダイソンの掃除機」の聞き間違いだった。

逆に、私の得意な分野は言語を操る能力と社会的ルールへの理解だった。自分ではコミュニケーションに問題があるＡＳＤ傾向が強いと疑っていたが、検査においてはそこまで問題がないと出ている。しかしこれは、元々苦手だったものを経験により身につけていったものだという。医師いわく、たくさん本を読み、「こんな場面ではこう対応するとうまくいく」、「社会的にこういうことが望ましい」と学んだ知識でカバーしているとのことだった。

また、「刺激への敏感さを持ち合わせ、感受性が豊かで不安緊張感を喚起されやすい。脅迫的傾向、対人緊張が強い。自己肯定感は低く、自信が持ちにくい可能性がある」いう結果も出ていた。そして、「家族関係による葛藤、性による葛藤も引き起こしている可能性も示唆」されているそうだ。家族関係においては今でも親に怒られないか不安に襲われることがあるし、性に関しては自分の女性性がわからなくなり、風俗店で働いたことがある。

発達障害による困りごとに関して、例えば強迫観念により仕事のスケジュールを詰め込んでしまうことは「紙に書き出して整理をして優先順位を決めましょう」と言われたが、それは既に普段からやっている。他の困りごとに関しては「認知行動療法という手がありますよ」と医師に言われた。

一通り検査結果の説明を受け、いつもの抗不安薬を処方してもらって帰宅。思えば小学1年生の時点ですでに算数がわからなかった。小学校の算数のテストで100点を取ったのは小2のときのかけ算九九と、どんな内容だったか忘れたが、小4のときの2回だけ。計算ができないので、毎日のように、元塾講師の父親に怒鳴られて泣きながら何度も計算ドリルを解いた。やればできると思っていた。それなのにやってもできない。どんなに頑張ってもできない。そして、怒鳴る父親が怖くて余計集中できない。

「『桂』という字には、やればできるという意味が込められているんだよ」

幼い頃からたびたび両親はそう私に言い聞かせていた。画数占いの結果、努力すれば物事がうまくいくという名前らしい。それを信じて私は努力を惜しまなかった。できないのは努力不足なので、もっと頑張らなければいけないと思っていた。

しかし、算数ができなかったのはＬＤのせいだったことに30歳になって知らされた。障害だからできなかったのだ。発達障害について知ってからは、これだけできないのだから、おそらくLDだろうと予想していたが、実際に診断されてみると、今までの自分のあまりの不憫さに泣きそうになった。例えてみると、下半身不随で車椅子の人に自力で歩けと言っているようなものだ。当事者取材を続けてきたなかで、ADHDやASDの人には多く接したが、唯一LDの人のみ、出会ったことがなかった。LDはレアな存在なのだろうか。

新卒で入社した会社では総務部で主に事務仕事と経理を担当していた。今考えると、LDで数字を扱うことが苦手なのと、ADHDの不注意傾向がある私にとって経理はもっとも苦手とする分野だ。作成書類には必ずミスがあったし、電卓を使っているのにお金の計算が合わないことが多々あった。残業はほとんどなかったが、いつも疲れ果てて帰宅して、ボロ雑巾のようになって動けなかった。他の部署の社員はほぼ毎日残業があるのに、残業がない私だけ疲れている。あまりの疲労感から、バセドウ病や慢性疲労症候群といった類いの病気を疑ったこともあったが、血液検査では特に異常はない。だから、自分はただのクズなのではないかと思っていた。毎日会社を辞めたいという思いしかなかった。それでも3年は続けないと転職に不利になる、自分の出来が悪いせいだと思って歯を食いしばって、きっかり3年勤めて退職した。私は今まで、すべて根性と努力だけで生きてきたことになる。

そして、唯一私を救ったのは本だったのだと気づいた。医師が言ったように、本や新聞からの知識があったことで他のできないことを補っていた。誰かに強制されて読んでいたわけではなく、好きだから読んでいた。文字は親が教えたわけではなく、自分で絵本を読みたくて就学前に自然に覚えていたらしい。本による知識が今の自分を作ってくれているので、今まで読んできた本すべてに感謝をしたい。

診断を受けて数日間は「障害者」という響きにショックを受けていた。見た目では分からないが、脳の作りが定型の人と違う。現在30歳。女性なので、もしかしたら今後出産しないとも言い切れない。発達障害は遺伝の可能性もある。こんな生きづらさを抱えた自分のコピーを世に生み出したら可愛そうだと思った。当事者取材で出会ったお子さんをもうけた人に対しては「今は支援してくれる施設もあるし、遺伝したとしても適切なフォローを行えば大丈夫」と思っていたが、それはやはり他人事だった。実際に自分の身に降り掛かってみると、妊娠をためらう。

発達障害で良かったと思う面もほんの少しだけある。今まで取材してきた当事者のなかには「過集中」の特性を語る人もいた。普段は不注意が多くて勉強や家事に集中できないが、スイッチが入ると過集中モードに入り、ペーパー試験で優秀な結果を残したり、家中を綺麗に掃除したりするという特性だ。自分にはそのような特性はないと思っていたが、よく考えると私は原稿を書くのがとても速い。どの編集さんもその速さに驚く。実際、この単行本も私の書くペースが速かったため、当初のスケジュールより発売が早まった。おそらく、原稿を書いているときは過集中モードに入っているのだ。

私は自分が見えている世界が、他の多くの人と同じ景色だと思っていた。みんな私ができないことをまんべんなく、さも当たり前にやっているように思え、すごいなと思っていたが、そもそも見えている景色が違うことを知らなかった。言葉は少し悪いかもしれないが、自分よりももっと生きやすい世界で生きていたのだ。一度、定型発達の人が見ている景色を見てみたい。どんな軽い世界なのか、どんなキラキラした世界なのか。

しかし、生まれながらの脳の特性を変えることはできない。ＡＤＨＤは傾向がある程度なので薬を飲むほどでもないし、計算は電卓ですればいい。そして、今のライターという仕事ではそこまで困っていないし（スケジュールを詰め込み過ぎるのは困っている）、ありがたいことに、この仕事で生計を立てられている。今後も自分のできることを極めていきたい。

私の説明書

発達障害による特性

得意なこと

・文章を読み取って理解したり、言語を操ること
・社会的ルールや望ましさへの理解

苦手なこと

・暗算
・数学的な推論
・法則性を見つけること
・視覚から情報の全体を捉えること
・聴覚から情報を処理すること
・優先順位を決めること
・イレギュラーな場面で臨機応変な対応が難しい
・気持ちを意識下してしまい口頭で表現しづらい

性格傾向による特性

・刺激に敏感で感受性が豊かなため、不安、緊張感、対人緊張が強くなる
・情緒統合の不良
・自己肯定感が低く、自信を持ちにくい
・完璧主義

困りごとへの対策

・計算は電卓を使う
・優先順位を紙に書き出して整理する
・心療内科の診察等で自分の気持ちを口頭で語れるよう心がける
・イレギュラーな場面に直面した際は、一度俯瞰して見てみる
・ゆとりをもったエネルギー配分、スケジュール配分を行う
（つまり頑張り過ぎない）

診断を受けてから考えたこと

自分が発達障害当事者だと分かってから2、3日は落ち込んだ。しかし、生きづらさの謎が解けて納得した部分もあった。

地図が読めない問題

壊滅的に地図が読めない。日が昇るのが東だとは分かるので、朝の時間帯や日が沈む夕方でないと東西南北が分からない。これは、視空間認知や数学的な推論が苦手な特性から起こるのだと分かった。いろんな場所にあるいろんな企業を訪れていた就活時代は、まず目的地にまでたどり着くこと自体が第一関門だったので、最低30分は迷うと見越した上でかなり早めに家を出ていた。面接を受ける前に既に疲れていた。

新卒で就職した会社も、面接時に道に迷って会社に電話をし、採用担当の方に迎えにきてもらった。初出社の日も迷った。その会社は私鉄の駅と地下鉄の駅があり、どちらからでも行けたので面接時は私鉄で行ったが、初出社のときは自宅の最寄りから乗換なしで行ける地下鉄で行ったら見事に迷った。ウロウロしていたところ、出勤中の社長に遭遇し、社長と一緒に出社。「この新入社員、出勤初日に社長と一緒に出社しやがった……」と社内がざわついていた。

しかし今は、iPhoneという強い味方がいる。iPhoneにもとから内蔵されているマップアプリは優秀だ。なんたって、今自分がどこにいるのか、どの方向を向いているのかが分かるのだから。このマップのおかげで、今は道に迷うことがほぼなくなった。

ちなみに、学生時代はヴィジュアル系バンドの追っかけをやっていたので全国あちこちのライブハウスに行った。Googleの地図は読めないが、文章で説明してあったり、簡略化してある地図なら分かる。ライブハウスのホームページは「○○駅の東口を出て右に曲がって30メートルほど進むとコンビニがあるのでそこを直進し～」といったふうに文章で説明してあるところが多いので助かっていた。

感覚過敏と感覚鈍麻

覚えていないが、子どもの頃にお菓子を触って「手がベタベタする～」と大泣きしたことがあったそうで、親にとってはそれがおもしろかったらしく、いまだに話題に出される。でも、私にとっては泣くほど苦痛だったのだ。今でも手がベタベタ・ヌメヌメする感触が嫌いなので、ポテトチップスは箸で食べる。
そして、感覚過敏があるのに感覚鈍麻も持ち合わせているというのが厄介なところ。またも
や子どもの頃の話だが、竹やぶで遊んでいたら転び、膝に少し痛みがあったが気にならない程
度だった。しかし、1か月ほど経った頃、膝が膿みはじめた。指でギュッと押すと、膝の皮膚
が割れ、にゅる〜んと長さ5センチほどの竹の切れ端が出てきた。1か月も皮膚の下に埋まっ
ていた竹。竹から生まれたかぐや姫ならぬ、膝からうまれた竹や姫だ。
また、つい先日も感覚鈍麻と思われる出来事があった。下腹部にずっしりとした違和感を覚
え、ただの胃腸炎だと思っていたが、なかなか治らないので近所の内科へ。そこで診てもらっ
たところ「大きい病院に行きましょう」と、総合病院へ搬送。検査の結果、虫垂炎だった。そ
の日、夜に対談取材が入っていたため、とっとと薬で散らして帰してもらおうと思っていた。
しかし、今すぐ緊急手術が必要なほどひどかったらしく、もう薬で散らせるレベルではなくなっ
ていた。
「夜、仕事があるので今日は帰ります。手術は明日にしてください」
医師の反対を押し切ってそう告げて取材に行くことにした。
「あの、痛くないんですか……?」

医師はドン引きしていた。痛くないとは言い切れないが、我慢できる痛みだ。医師は高熱が出たり、さらに痛みが増したりした場合は必ず救急車を呼ぶよう念を押してきた。翌日病院に行って待合室で待っていたら、昨日診察してくれた医師とは違う医師に「もしかして、昨日来られた虫垂炎の方ですか？　あの状態でよくひとりで帰りましたね……」と声をかけられた。普通の人ならば到底歩ける痛みではなかったらしく、病院内でちょっとした噂になっていたようだ。あと半日遅れていたら虫垂が破裂するところだったらしい。

虫垂炎は放置すると虫垂が破裂して腹膜炎を引き起こし、最悪の場合死に至る病だ。感覚鈍麻の人は手遅れにならないよう、医師の判断に素直に従うべきだと思った。

頭がパンクしそうになる問題

ときどき頭がパンクしそうになる。やるべきことが脳内に点在していて、何から手をつければいいのかわからなくなる。これは、ＡＤＨＤの特性でさまざまな事柄が頭のなかに氾濫し、優先順位をつけられないことから起こる問題だと判明した。また、打ち合わせ時にも一気にいろんな案を出されると混乱する。そして、性格の傾向のテストで顕著に表れた強迫観念と自己肯定感の低さ、完璧主義がそれに追い打ちをかけて「自分がこの仕事をこなせるはずがない、もっと頑張らなくては」と、スケジュールを詰め込んでしまうのだという。

しかし、これについては自然に自分で対処法を身につけていた。ＴｏＤｏリストを紙に書き出して、終わった順に線を引いて消していく。書き出すだけで頭が整理されるし、終わって線で消すとき、達成感を得られる。

このＡＤＨＤ傾向については自覚がなかったため、みんなよくパニックにならず情緒を保っていられるなぁと常々思っていた。でもそれは、自分の能力が低く努力不足で、メンタルが脆弱なだけだとずっと思っていた。

自分が思っていた普通は普通ではなかった

あまりにも算数ができないことや高いコミュニケーションを必要とする仕事が苦手なため、自分は発達障害なのではないかと疑ってはいたが、自己肯定感の低さから発達障害ではなく自分はクズな定型発達なのだと信じていた。だから、当事者が語るつらさも「定型の私だってこの当事者と同じようなことで悩んでいる。頑張りが足りないのではないか」と、思ったことがあった。この点については今、とても反省している。私もその当事者と同じ発達障害だった。私が思う普通は普通ではなかったのだ。自分の基準を普通だと思っていた。当事者になってみないと、本当に理解することはできない。理解をしている気になってしまうことが一番よくない。理解はできなくても、「歩み寄ること」が大事なのだと思う。

おそらく定型発達の人とは見ている世界が違う。この本の監修をしていただいた五十嵐良雄先生にお会いして自分の特性について話した際、「普通の人に近づくために、とても努力されたんですね」と言われた。私は自分がようやく肯定された気分になった。うれしかった。

私が新卒で事務職の会社員になった際、親はとても驚いていた。この子がまさか会社員に!?と。私を育ててきた親は、会社員、しかも事務職が向いていないことはわかっていた。でも私は他の人と同じような「普通」にあこがれていたので会社員を選んだ。結果、まったく仕事ができず組織にもなじめなかった。学生のときも友だちから「誰でもできる仕事だよ」と紹介されてパン屋のバイトをしたが、とてもじゃないが私には務まらずすぐ辞めた。発達障害者は「普通の人ができる仕事」、「誰でもできる仕事」ができないのだ。

ゴッホには本当に杉が波打って見えていた

今の20代の人は小さい頃の検診で発達の偏りについても分かる場合もあるらしく、取材をした20代前半の当事者のなかには小さい頃に既に診断が出ていた人もいた。しかし、私の世代はギリギリ、発達障害が認知されていない時代だ。親に発達障害だったと電話でカミングアウトし、小さい頃の検診や知能検査で何か言われなかったか聞いたが、父なんか大笑いをして「何も変わったことはなかった」と言われた。親にとって私のこの特性は個性のうちに含まれているようだ。でも、私はＬＤのせいでできなかった算数について厳しく叱られたことを謝ってほしかった。

私は定型発達の人と見えている世界が違うのだと母に訴えた。すると母は「ゴッホの『糸杉と星の見える道』では杉がうねうねと波打っているけど、普通の人にはそう見えない。でも、ゴッホには本当に波打って見えていたんだよ」と言った。つまり、人それぞれ見えている世界は少しずつ違うということだ。心理検査では、親との葛藤があるとも出ていたせいか、つい母に対して攻撃的になってしまったので、それ以上追求するのはやめた。

得意なジャンルをウリにする

数日後、仲の良い友だちにもカミングアウトし「私のこと、変だと思ったことある？」と聞いた。

「変だと思っていたけど、それも含めて桂ちゃんだと思っていた」と言われた。友だちからは

「変なところがおもしろくて好き」と思われている。

当事者取材で何度も「発達障害は障害としてもっと社会が受け入れるべきなのか、強い個性なのか論」を話してもらってきたが、まさか自分自身がそれを考える身になるとは思っていなかった。自覚はなかったが、他の多くの人が歩む普通の世界では受け入れられなかったので、私は自分の得意分野を活かせるフリーライターをしているのだと思った。

でも、「発達障害だからできません」と開き直るのは自分にとっても周りの人にとってもよくない。できないことを完全に放棄するわけではない。できないことはできないなりに最善を尽くす。

「私は暗算ができないけど、記事を書けば500万PV出せます」

これを私のウリにすることにした。そして、今後は自分ができないことによって生じてしまった自己肯定感の低さや強迫観念を心療内科での診察をメインに少しずつ改善していこうと思う。

あとがき

「はぁっ!?　なんでこんなに税金が高いの!?」

ある日、区から届いた区民税と国民健康保険料のとんでもない額の通知書に絶句した。たしかに昨年より売上は増えたけど、ここまで高くなるものなのだろうか。国にこんなにおカネを搾取されては生きていけない。もしかして、確定申告時に間違えてしまったのだろうか……。

そこで、フリーランス歴30年以上の父に、区からの税金の通知書と昨年度の確定申告の控えをＰＤＦで送って確認してもらったところ、大幅に間違えていた。私はここ数年ずっと、国に税金を納めすぎていたことが分かった。

確定申告は毎年、ネットで調べながらなんとか自力で作成し、税務署に郵送していた。自分ではきちんと申告できていると思っていた。しかし、間違っていた。すぐに税務署に電話をかけた。修正をしたいと言うと、国税庁のホームページから修正できる欄があると言われ、修正して再び郵送した。これで当初より還付金が増えるし、税金も減るし、一件落着。そのときはそう思っていた。

それから約1週間後、税務署から未納だった還付金が入るという通知書が届いた。そう言えば、修正した確定申告書はどうなったのだろう。そろそろ向こうに書類が届いて処理が進んでいる頃ではなかろうか。

「あの、はっきり言いますとこのままだとちょっと厳しいです……」

電話口で申し訳なさそうに税務署の男性職員が言う。そして、その職員の指示に従い、再度修正をすることになった。国税庁のホームページにアクセスし、修正申告のページへ飛ぶ。電話口で言われたとおりの欄に、言われたとおりの額を記入していく。しかし、職員が説明している画面が表示されなかったり、エラーが出てしまったりということが何度も続いた。記入欄がたくさんあるので、記入に時間もかかるが、職員は辛抱強く待ってくれている。ようやく全部記入が終わり、さあこれで正しい還付金の額が出る！　と思いながら「計算」をクリックすると、還付金額が250万円以上というありえない数字が表示された。

「もうこちらで、収支内訳書と前回送っていただいた申告書をもとに作成しますんで！　こっちで作ったものをお送りするので、捺印して再度郵送してください！」

職員は呆れたようにそう言い放った。きっと税務署には確定申告の仕方がまったくわからない人や、クレーマーのような人も訪れるはずだ。そんな人と日々接しているであろう税務署の人をお手上げ状態にさせてしまうとは、私はなんとアホなんだろうか……。おそらく、LDで数字を扱うこと自体が苦手なのと、ADHDの不注意で記入ミスなどがあり、このような結果になったと思われる。

他のフリーランスの人もヒィヒィ言いながらではあるが、きちんとこなしている確定申告をできなかったことにショックを受けた。しかし、会社員時代はこれが毎日のことだったと思い出した。ライターの仕事をはじめてからは、「自分は仕事ができない」と感じることは極端に減ったので（もちろんたまに失敗はある）、久しぶりの敗北感に打ちひしがれた。

自分ができないことは専門の人に任せよう。そう決意し、税理士探しをはじめた。税理士に確定申告を依頼しているというライター仲間数名に連絡し、税理士情報を収集。そして、いろんな税理士の情報を総合した結果、業界歴30年以上のベテランライターのYさんが依頼している税理士を紹介してもらうことにした。

「我々は普通の人とは違うんだから、そういうライターを多く抱えている税理士さんがいいよ。

俺の周りだと、A山さんにB田さん、C本さんとD谷さんもこの税理士さんが担当してる」

たしかに、Yさんが挙げたライター陣は、少し特殊なジャンルの取材を行っている人ばかりだ。

〝我々は普通の人とは違う〟

Yさんが言ったこの言葉が頭の中でリフレインする。私にはできること・できないことの差が大きいから、普通の人とは違う。改めてこの事実を受け入れることにした。

これからもきっとまた、できないことに出会い、そのたび落ち込むと思う。でも、こうやって文章を書いて生計を立てられたり、適切な環境と愛情をもって猫を飼育できていたりと、できることもある。できることに自信を持ちつつ、できないことは今後も対策と工夫を重ねていきたい。

最後に、本書を出すにあたり、かかわっていただいたすべての方に感謝いたします。

インタビュー取材にご協力いただいた当事者の皆様、当事者のオフ会などでお話させていただいた皆様、連載の感想を送っていただいた読者の方々、監修していただいたメディカルケア大手町の院長・五十嵐良雄先生、心療内科の主治医と看護師さん、臨床心理士の先生、テープ起こしを手伝ってくれたライター仲間の谷口さん、安里さん、松嶋さん、デザイナーのアルビレオ草苅さん、フォトグラファーのMEGUMIさん、推薦文を寄せていただいた雨宮処凛さん、「東洋経済ONLINE」担当編集の武政さん、この本の担当編集のイースト・プレスの圓尾さん、そして、ここまで読んでいただいた読者のみなさん、ありがとうございました。

多くの方が抱える、さまざまな種類の生きづらさが、少しでもやわらぎますように。

本書は、「東洋経済ＯＮＬＩＮＥ」(https://toyokeizai.net/)にて、
２０１７年11月22日から２０１８年7月11日の間に掲載された
「私たちは生きづらさを抱えている」をベースに加筆修正し、
新たに書き下ろしを加え、構成しました。

参考文献

書籍

『ちょっとしたことでうまくいく 発達障害の人が会社の人間関係で困らないための本』
對馬陽一郎・安尾真美（翔泳社）

『ちょっとしたことでうまくいく 発達障害の人が上手に暮らすための本』村上由美（翔泳社）

『ちょっとしたことでうまくいく 発達障害の人が上手に働くための本』對馬陽一郎（翔泳社）

「大人の発達障害と双極性障害との関係」篠山大明『精神科治療学』第32巻12号（星和書店）

『人付き合いが苦手なのはアスペルガー症候群のせいでした。』吉濱ツトム（宝島社）

『男が痴漢になる理由』斉藤章佳（イースト・プレス）

WEB

「感覚の過敏さ（感覚過敏）、鈍感さ（感覚鈍麻）とは？
発達障害との関係、子どもの症状、対処方法まとめ」
発達障害のキホン（LITALICO発達ナビ）

「Adult ADHD and comorbid disorders: clinical implications of a dimensional approach」
Martin A. Katzman, Timothy S. Bilkey, Pratap R. Chokka, Angelo Fallu, Larry J Klassen（BMC Psychiatry）

「発達障害は遺伝する確率があるの？きょうだい、父親、母親との関係は？
男女での発生率は？」
発達障害のキホン（LITALICO発達ナビ）

「認知の歪みとは？うつ持ちの私がわかりやすく10個解説する」

ほっしー（ほっしーのメンタルハック）

姫野 桂　Kei Himeno

フリーライター。1987年生まれ。宮崎市出身。日本女子大学文学部日本文学科卒。大学時代は出版社でアルバイトをし、編集業務を学ぶ。卒業後は一般企業に就職。25歳のときにライターに転身。現在は週刊誌やWebなどで執筆中。専門は性、社会問題、生きづらさ。猫が好き過ぎて愛玩動物飼養管理士2級を取得。

|監修| 五十嵐良雄　Yoshio Igarashi

1976 年に北海道大学医学部卒業後、埼玉医大精神医学教室に入局。 1984-85 年にミラノ大学、ユトレヒト大学へ留学。 2003年にメディカルケア虎ノ門を開設し、医療法人雄仁会理事長に就任。 2008年にはうつ病リワーク研究会を立ち上げ、 2018年より日本うつ病リワーク協会理事長。専門は気分障害等のリハビリテーションで、デイケアでのリワークプログラムを中心に活動。日本デイケア学会副理事長。2017年にヘルシー・ソサエティー賞を受賞。 2018年7月よりメディカルケア大手町を開院し院長を兼ねる。

私《わたし》たちは生《い》きづらさを抱《かか》えている

発達障害《はったつしょうがい》じゃない人《ひと》に伝《つた》えたい当事者《とうじしゃ》の本音《ほんね》

2018年8月20日 初版第1刷発行

著者 姫野桂《ひめのけい》
監修 五十嵐良雄《いがらしよしお》(メディカルケア大手町 院長)
カバー写真 MEGUMI
ブックデザイン アルビレオ
DTP 松井和彌
編集 圓尾公佑
協力 武政秀明(東洋経済ONLINE)
発行人 堅田浩二
発行所 株式会社イースト・プレス
東京都千代田区神田神保町2-4-7久月神田ビル
TEL：03-5213-4700
FAX：03-5213-4701
http://www.eastpress.co.jp/
印刷所 中央精版印刷株式会社

ISBN978-4-7816-1700-8